Ce que je sais de vous
... disent-ils

Du même auteur

Lacan (en collaboration), Bordas, 1987.

Les Pousse-au-jouir du maréchal Pétain (préface de Roland Barthes), Le Livre de poche, 1988.

Psychanalyse 6 heures 1/4 (avec Dominique Miller), Le Seuil, 1991.

Chronique des deux septennats (1981-1995) :

I. *Du père au pire,* Grasset

II. *Le divan des politiques,* Le Seuil

III. *La France des hérissons,* Le Seuil

IV. *Malaise,* Le Seuil

Moments de vérité, L'Archipel, 1996.

Gérard Miller

Ce que je sais de vous
... disent-ils

Dominique Strauss Kahn
du signe du taureau =
plaisir et jouissance avant
tout -

Stock

À Anaïs

AVANT-PROPOS

Dans ce livre que vous tenez entre les mains, vous vous reconnaîtrez. Ne dites pas non ! Vous vous reconnaîtrez.

Un trait par-ci, un trait par-là. En dépit de l'étrangeté de certaines thèses, de la démesure de certaines descriptions, même si ces pages vous entraînent parfois loin de ce que vous pensiez savoir de vous-même – vous vous reconnaîtrez.

Votre signe y est, alors vous y êtes.

C'est ça l'astrologie : un Autre qui en sait plus que vous sur vous-même.

Un discours qui réussit à s'adresser à chacun *en particulier*.

Le monde n'est plus indifférent ou hostile, il s'établit entre lui et vous une relation singulière, humanisée.

Qu'est-ce que l'angoisse sinon l'effet du silence de ce grand Autre, dont on suppose qu'il tient les fils de notre destinée ? Ne rien entendre monter vers soi qui nous dise « tu » est insupportable.

La science n'a en rien mordu sur le besoin de croire. Plus elle opère sur le réel, plus l'être parlant regarde au-delà des montagnes. Il lui faut des occupations qui ne le confondent pas avec un pur produit de laboratoire. Plus la science progresse, moins elle agit sur la crédulité.

Il faut dire que la science n'a pas pour vocation de faire taire l'angoisse. Elle ne répond pas à la question : « Mais qu'est-ce que l'Autre veut de moi ? »

L'astrologie, elle, y répond.

Nous vivons dans des sociétés de plus en plus uniformes. Toutes les pratiques – même les plus primitives – qui viennent chatouiller notre karma font contrepoids à la standardisation.

À partir du moment où n'importe qui nous tend son oreille, nous donne son attention, nous ne mesurons plus à quel point ce qu'il dit fait écho en nous.

Surtout quand il réfléchit à partir d'éléments aussi limités et passe-partout que les signes du zodiaque ! Avec quel naturel chacun de nous vient alors s'inscrire dans l'un de ces douze destins *prêt-à-porter* !

Même celui qui affirme ne pas croire aux horoscopes, lorsqu'il en trouve un, que regarde-t-il en priorité ? Son propre signe astrologique. Il a beau se dire que tout n'est que sornettes, textes écrits au petit bonheur la chance, il se précipite aussitôt vers les quelques lignes qui lui disent : « Tu es Bélier ? Cancer ? Scorpion ? Eh bien, c'est de toi que nous allons parler. »

Quand j'étais adolescent, je m'amusais à arrêter un parfait inconnu dans la rue, en lui demandant comment il allait « depuis la dernière fois ». D'abord mal à l'aise, cherchant dans sa mémoire, au bout de quelques minutes d'une conversation jouant sur le sous-entendu et le quiproquo, il était convaincu que je ne pouvais pas me tromper. C'était bien moi, donc c'était bien lui ! Nous nous étions rencontrés... une semaine plus tôt, ou aux vacances dernières, ou à la saint-glinglin.

Dès que vous avez hameçonné sa curiosité, son désir de savoir, il est amusant de constater à quel point le premier venu s'attache à vous. Il y a peu de postures à prendre dans cette *commedia dell'arte* qu'est la psychologie humaine. Qui les connaît et en joue fait mouche à tous les coups.

L'avenir sourira longtemps aux propos les plus insignifiants ou les plus excentriques, si celui qui les entend se persuade que c'est à lui seul qu'on les adresse.

Il n'y a pas un mot qui n'ait déjà été ânonné des millions de fois avant nous, mais chacun n'en continue pas moins de se croire le destinataire privilégié du moindre blabla.

Lecteurs, vous le savez bien... Quand vous attendez de l'être aimé un message aussi éloquent qu'inédit, une parole qui, à coup sûr, vous bouleversera, que trouve-t-il de mieux, de plus intime, de plus efficace à vous dire que : « Je t'aime » ? Bravo l'originalité ! Et pourtant ça marche.

Il y a longtemps que je voulais prendre au mot les douze signes du zodiaque, histoire de pousser jusqu'au bout leur logique. C'est fait.

Mode d'emploi

Les astrologues le répètent : appartenir à un signe, ce n'est pas en refléter toutes les propriétés.

Aussi proposent-ils, moyennant finances, l'étude de votre thème personnel, et nombreux sont ceux que cela tente.

Je les comprends. Pourquoi se priver d'informations cruciales sur son propre destin quand on peut facilement les obtenir ?

Enfin, « facilement » n'est pas l'adverbe exact si on suit les méthodes traditionnelles de l'astrologie !

Il faut connaître de sa naissance le lieu, l'année, le mois, le jour, l'heure légale, l'heure locale, l'heure sidérale et, même si de nombreuses éphémérides en vente dans le commerce aident le néophyte ou le professionnel à calculer les éléments qui manquent, la tâche est d'emblée épuisante.

D'autant qu'il faut ensuite établir sa domification, soit la localisation zodiacale des douze Maisons de son horoscope, reporter la position occupée par les planètes à l'heure de sa naissance, tracer les lignes des Maisons ainsi que les aspects de ces planètes, sans oublier de distinguer les aspects majeurs, comme la conjonction ou le trigone, des aspects mineurs, comme le semi-sextile ou le quinconce, tout en se rappelant que certains aspects sont favorables et d'autres défavorables et que, dans certains cas, par grand vent, quand il grêle et que le ciel est bas, on n'y voit goutte.

Les pages qui suivent vous épargneront un tel effort et une telle dépense.

Voici comment procéder.

Lisez intégralement non seulement votre signe, mais les onze autres derrière lesquels des fragments de votre moi se cachent.

Chaque fois que vous reconnaîtrez un trait de votre caractère, un élément de votre personnalité, que cela vous plaise ou non, soulignez (au crayon noir, pas au stylo) le passage concerné.

Au terme de votre lecture, en rassemblant toutes ces parcelles éparses, vous aurez établi ce qui vous apparaîtra comme votre portrait psychologique le plus exact, une photo de vous-même plus ressemblante que tous les clichés astrologiques.

Sachez seulement qu'il vous sera nécessaire de refaire la même expérience plusieurs fois par an, c'est-à-dire de gommer l'ensemble de vos notations, de relire le livre et de recommencer vos soulignages.

En effet, ce que vous considérez comme votre « moi » bouge, change, c'est un bric-à-brac d'identifications, un puzzle qui ne reproduit jamais le même modèle.

Je vous entends protester d'ici : « Comment ! Je ne suis rien d'autre qu'un caméléon, qu'une image qui vacille, qu'un reflet sur l'eau, qu'un mirage ? »

Loin de moi cette idée.

Ce que Freud appelait par exemple votre désir, et même si ce désir vous échappe, vous n'en changez pas.

Ce qu'il nommait votre fantasme fondamental, il n'y a rien de plus fixe.

Mais ici nous ne parlons pas de psychanalyse, c'est-à-dire d'une pratique où il s'agit d'entrevoir ce que vous êtes au-delà des constructions imaginaires, au-delà du vraisemblable.

Nous parlons d'astrologie, de l'image que vous avez de vous-même et que l'autre est susceptible de vous renvoyer. Nous parlons de la facilité avec laquelle chacun de nous s'écrie : « Ça me ressemble ! » pour se demander l'instant d'après : « Mais comment être sûr que c'est bien moi ? »

Bélier

21 mars – 20 avril

Élément : **le feu.** Planète : **Mars.**
Qualités : **enthousiasme, courage, franchise.** Défauts : **inconscience, agressivité, manichéisme.**
Emporterait sur une île déserte : **l'œuvre chantée de Julio Iglesias.**

Pourquoi faut-il faire souffrir les Bélier ?

Le Bélier se lasse de tout très vite.

Ennemi farouche de la routine, du train-train des événements ordinaires, il n'est charmé que par l'imprévu.

Aussi faut-il multiplier sous ses pas les embûches qui maintiennent en éveil sa curiosité, comme l'ont très bien compris les enseignants pendant le ministère mouvementé de Claude Allègre.

J'ai personnellement connu nombre d'hommes et de femmes qui ont perdu l'affection d'un natif de ce signe pour n'avoir pas compris ce qu'il attendait d'eux : qu'ils pimentent son existence.

La sérénité anesthésiant le Bélier, ne visez jamais son bien-être. Au contraire, gâchez sa vie, vous lui rendrez service.

Du lit en portefeuille à la voiture piégée, à vous de jouer !

Rappelez-vous que les ennuis le divertissent, que les épreuves le réconfortent, que les supplices le dynamisent.

Vous voulez vous attacher un Bélier ? Faites-le souffrir. Mais toujours avec imagination.

De l'imprévoyance érigée en système

Le Bélier est un être dépensier.

L'argent lui brûle les doigts, surtout l'argent des autres. Cela tient à son goût pour le court terme. Prévoir l'ennuie, épargner l'accable.

Un Bélier de la plus belle eau se retrouva à la tête d'une association qui luttait contre le cancer. Quelques mois d'une gestion désastreuse plus tard, il ne restait plus un sou en caisse. Et non seulement aucune métastase n'avait battu en retraite, mais des cas de variole et de peste bubonique, maladies qu'on croyait éradiquées sur notre sol, réapparurent dans les milieux caritatifs.

Un signe dominant

S'il est un des signes du zodiaque appelé à dominer les autres, c'est le Bélier.

Énergique, industrieux, baroudeur, le Bélier est fait pour s'élever, pour monter – sur les toits, sur les trônes, sur les autres, peu importe, mais toujours plus haut.

L'érection est son évangile, la détumescence sa hantise.

Une statistique fameuse de l'Organisation mondiale du Travail a montré que plus de 93 % des chefs d'entreprise sont nés entre le 21 mars et le 20 avril, ce qui n'est pas sans poser de graves problèmes de commandement, compte tenu du vent impétueux qui souffle sur ce signe. C'est pourquoi, dans chaque pays occidental, des formations spécifiques regroupent les Bélier dominants en vue de canaliser leur énergie autocratique et de tempérer leur fougue.

En France, l'organisation des Bélier anonymes, plus connue sous le nom de CNPF ou de MEDEF, rallie tous ceux d'entre eux qui souhaitent arrêter de prendre des décisions impulsives.

De récentes séances de thérapies collectives, qui prouvent que chacun peut, au coup par coup, contrarier les influences célestes, ont permis à ses membres de convenir qu'il fallait attendre la « Grande Conjonction Jupiter-Saturne » pour satisfaire les revendications salariales de leurs subordonnés, ce qui ne se produit au mieux que tous les huit cents ans.

L'amour du vrai

Le Bélier est sincère, direct. Il aime la franchise et vous pouvez lui parler sans détour.

Si un Bélier vous consulte sur sa tenue vestimentaire, s'il vous lit un texte qu'il vient d'écrire, s'il vous soumet un projet qui lui tient à cœur, pas de chichis, aucune simagrée, ne tournez pas autour du pot, allez-y franco, il vous en saura gré.

Dites-lui la vérité, même si elle est blessante.

Mais ne soyez pas surpris en retour qu'il vous expose, lui, ce qu'il pense de la misérable petite personne que vous êtes, incapable d'avoir sur le moindre sujet un avis objectif.

Les biographes de Landru ont sous-estimé le fait qu'il était né un 12 avril. Et pourtant, chaque fois que ce Bélier impénitent a brûlé l'une de ses victimes, c'est qu'elle avait accepté de lui dire « franchement, très franchement » ce qu'elle pensait de son physique peu avantageux.

VICTIME DE SA PROPRE IMPATIENCE

Plus intuitif que cérébral, le Bélier se méfie des ergoteurs et des sophistes. Bon ou mauvais, le raisonnement l'offense, comme si toute argumentation était à ses yeux suspecte.

Depuis la nuit des temps, cela lui joue des tours.

Pourquoi est-ce un bélier qu'Abraham offrit en sacrifice à Dieu qui lui réclamait son fils ? Est-ce en raison d'une quelconque ressemblance qui aurait abusé le Créateur ? Pas du tout. Mais alors que tous les animaux des environs, de la limace à l'aigle, avaient compris qu'il valait mieux s'écarter d'Abraham, en voyant celui-ci, le couteau à la main, s'approcher de son fils ligoté à terre, seul le bélier fonça tête baissée dans le panneau.

Il voulut admirer la scène de près, en se cachant dans un bouquet d'arbrisseaux sauvages.

Résultat ? La Bible, Genèse, XXII, 13 : « Abraham, levant les yeux, aperçut derrière lui un bélier qui s'était sottement emmêlé les cornes dans un buisson. »

Une étymologie secrète, que les astrologues se gardent bien de dévoiler, en témoigne.

Contrairement à l'interprétation admise qui voit dans le mot « bélier » une adaptation du néerlandais *belhamel*, de *bel* « cloche » et *hamel* « mouton » (le bélier serait ainsi le « mouton à clochettes qui marche en tête du troupeau »), « bélier » vient de la contraction de « bêler » et de « benêt », signifiant à la lettre « celui qui parle et se conduit comme un parfait imbécile avec en plus des tremblements dans la voix ».

Qu'on se rassure toutefois. Même si la culture ne l'affine guère, le Bélier ne manque ni d'esprit ni d'intelligence. Son impatience seule est fautive.

En effet, chaque fois que le Bélier téléphone à son cerveau et que celui-ci ne répond pas assez vite, il raccroche après la première sonnerie.

Une sexualité incontrôlable

Casanova (2 avril), Anthony Perkins (4 avril), Omar Sharif (10 avril), Charlie Chaplin (16 avril).

Reconnu par tous les spécialistes comme l'un des signes les plus virils du zodiaque, le Bélier est doté d'une sexualité si ardente qu'il lui faut faire sans cesse de nouvelles conquêtes.

L'autre sexe n'y suffisant pas, le voilà qui plonge plus souvent qu'à son tour dans le monde interlope de la perversion.

J'ai connu par exemple un Bélier, militaire de carrière, qui avait déserté la compagnie des femmes pour celle des mouchoirs, très précisément des mouchoirs blancs. Il les aimait à la folie, jusqu'à atteindre en leur compagnie, au terme d'une savante masturbation lingère, rien de moins que l'extase.

Mais ce qui était le plus singulier chez

cet être fruste, primaire et sanguin, c'est qu'il aimait ses petits morceaux de toile bien mieux que d'autres aiment les femmes, au point que ses voisins de chambrée, écoutant les récits nocturnes de sa passion fétichiste, ne pouvaient s'empêcher de penser : et si c'étaient les femmes que nous, soupirants raisonnables, devrions aimer comme des mouchoirs ?

Autant le savoir : sexuellement, le Bélier jouit d'un grand pouvoir de conviction.

Pulsions orales

Le Bélier adore manger.

Il suce, il mastique, il croque, il déchiquette, il avale. C'est une bouche avant d'être un corps.

La boulimie le menace dès le berceau et, phénomène suffisamment rare pour être mentionné ici, se retrouve chez les animaux ou les insectes nés entre le 21 mars et le 20 avril : faim-calle chez le cheval, cynorexie chez le chien, hyperphagie chez la poule, sitiomanie chez l'éléphant...

Seuls les éphémères parviennent à ne pas s'empâter, n'ayant matériellement pas le temps de grossir en une journée.

Pourquoi Van Gogh se coupa-t-il l'oreille ? Comment réussit-il à supporter une aussi grande douleur ? C'est simple : Van Gogh était Bélier.

Comme Jean-Paul Belmondo et ses cascades, Ayrton Senna et ses accélérations ou Daniel Cohn-Bendit et ses barricades.

Tenez, par un beau matin de printemps, vous vous promenez dans un square tranquille où une vingtaine d'enfants jouent autour d'un bac à sable, couvés du regard par leurs mères attendries.

De ces bambins folâtres, vous vous demandez lequel est Bélier, lequel ne l'est pas. Aucune erreur possible.

Regardez l'enfant qui saute plus haut que les autres, qui retombe plus violemment sur le sol, se relève d'un bond et repart vers d'autres cascades.

Ses jambes sont couvertes de plaies, ses coudes saignent, un hématome est en train de s'infecter sur son front.

Il pleure ? Non. Il se plaint ? Pas même.

La peau tachetée de Mercurochrome, il surfe de trauma en trauma, se précipitant sur le danger comme la misère sur le pauvre monde.

C'est un Bélier, il aime le risque, cherche les coups.

Sénèque rapporte l'histoire d'une famille romaine dont le père, la mère et les neuf fils étaient tous nés, par l'un de ces tours dont le destin a le secret, sous le signe du Bélier. Un jour que le plus jeune des enfants participait avec ses frères à un marathon, une faux, malencontreusement abandonnée dans l'herbe, lui coupa net les deux jambes, juste au-dessus des mollets.

Loin d'en prendre prétexte pour arrêter la course, le petit Bélier continua jusqu'au bout, comme si de rien n'était, accélérant même son pas dans les derniers mètres.

Sous les applaudissements de ses parents ébaubis, il franchit en vainqueur la ligne d'arrivée, avant de s'effondrer mort, exsangue mais heureux.

Ce qui fit dire à Sénèque dans son *De providentia* : « *Si succiderit, de genu pugnat* » (Et s'il tombe, il combat à genoux).

Chaque Bélier devrait en faire sa maxime.

Fougueux, fonceur, impulsif, le Bélier aimerait devenir un héros. Hélas, il réussit souvent à n'être qu'un martyr.

Son audace, son impétuosité se doublent en effet d'une grande naïveté. Même adulte, il garde des culottes courtes dans la tête.

Il y a quelques années, l'ancien ministre François Léotard fut diffamé dans un livre, dont les auteurs l'accusèrent d'avoir commandité un assassinat. Personne ne se demanda pourquoi la foudre s'abattait sur le malheureux.

Avec Léotard, on pouvait tout se permettre, y compris de le dévorer cru, sans sel, sans moutarde et sans preuves : né un 26 mars, c'était un Bélier jusqu'au bout des ongles.

On pourrait appeler ce phénomène la PPM, la Pulsion Petit Mousse : quand ça va mal à bord (cf. *Il était un petit navire*), ce n'est jamais le plus gros – et pourtant le plus nourrissant – qu'on commence à boulotter, c'est le plus petit. Les thérapeutes vous le diront : quand une famille se déchire, il y a souvent un de ses membres qui accuse plus spécialement le coup. Et c'est souvent un enfant, et souvent le cadet. Il a de l'urticaire, de l'asthme, il paie pour tout le bercail.

Or le Bélier, justement, c'est l'enfant éternel, celui qui n'accepte pas de grandir, d'être poli aux angles, de se laisser recouvrir par la patine de l'âge et du raisonnable.

Destinée emblématique du Bélier que celle de François Léotard : on l'insulte, on l'agresse, on le poignarde; lui se cabre, résiste, contre-attaque; et au *finish*, loin d'incarner le personnage d'une tragédie grecque dont il rêvait, il devient Caliméro ou Titi.

Un Titi grandiose, sublime, qui ferait don à la droite de sa personne pour la racheter des crimes de Grosminet, mais un Titi quand même.

Manque de nuances

Le Bélier mène sa vie au pas de charge.

« À l'abordage » est son cri de ralliement.

Il aime l'assaut, pas la tactique. C'est peu dire qu'il manque de diplomatie.

D'où la difficulté pour lui de coexister avec un autre Bélier, comme Philippe de Villiers (né un 25 mars) et Charles Pasqua (né un 18 avril) en ont fait la cruelle expérience au sein de leur parti fratricide.

Un temps, le constructeur automobile Renault imagina de commercialiser une voiture par signe du zodiaque.

Pour être conforme aux exigences de l'astrologie, la voiture du Bélier fut conçue sans frein ni marche arrière.

Le constructeur renonça à son projet.

Psychanalyse d'un Bélier

Les Bélier ont-ils un inconscient ?

À cette question régulièrement posée dans la littérature analytique, on sait depuis la Vᵉ Rencontre internationale du Champ freudien qu'il faut répondre oui. Mais il n'en reste pas moins vrai que nombre de Bélier n'ont aucune complexité psychologique tant ils sont manichéens et expéditifs – aucun débat intérieur, aucune angoisse, rien qui puisse retenir l'attention d'un médecin de l'âme.

Le psychanalyste hongrois Sándor Ferenczi a décrit dans l'un de ses textes, « L'homme au chou », le cas d'un Bélier qu'il avait allongé pendant dix-sept ans sur son divan.

Le psychisme de cet être entier, spontané et sans inhibitions, ressemblait à une montre suisse. Tout y était nickel et, dès la première séance, Ferenczi s'endormit, tant le récit de son patient se révéla monotone et fastidieux.

« Jamais un écart, jamais un sursaut, jamais aucune surprise, écrivit Ferenczi à la fin de sa vie. On aurait cru entendre le ronronnement d'un chat ou d'un poêle. En dix-sept ans d'analyse, le recevant trois fois par semaine, cinquante minutes d'affilée, je n'ai jamais réussi à rester éveillé plus de vingt secondes.

« Le pire, c'est que, ayant perdu dans mon déménagement de 1922 la carte de visite qu'il m'avait donnée lors de notre premier entretien en face à face, je n'arrive même plus à me rappeler son nom.

« Seul me reste le souvenir de ce chou qu'il apportait à chaque séance, qu'il posait imperturbablement à côté du divan, avant de s'y affaler et de prononcer ces paroles rituelles : "Dieu parle aux escargots même s'ils n'ont pas d'oreilles." C'est à ce moment-là, au simple son de sa voix monocorde, que je basculais dans le sommeil.

« J'avoue que je me demande encore aujourd'hui : mais pourquoi ce chou et que diable voulait-il dire avec cette histoire d'escargots ? »

Et maintenant ?

Si vous connaissez votre ascendant, reportez-vous aux pages qui le concernent.

Mais que vous le connaissiez ou non, lisez en priorité les chapitres écrits sur quatre autres signes : votre signe *inverse* – ses points forts sont vos points faibles, ses points faibles vos points forts ; votre signe *opposé*, c'est-à-dire celui qui fait face au vôtre sur l'axe du zodiaque et dont le symbolisme lui est complémentaire ; et enfin vos deux signes *affinitaires*, dont la sympathie et la complicité vous seront précieuses.

Signe inverse : **le Poissons.**
Signe opposé : **la Balance.**
Signes affinitaires : **le Sagittaire et le Lion.**

Taureau

21 avril – 20 mai

Élément : la terre. Planète : Vénus. Qualités : endurance, volonté, sens de la propriété. Défauts : concupiscence, fermeture d'esprit, routine. Emporterait sur une île déserte : son livret de caisse d'épargne.

Une libido incontrôlable

Porté à rechercher tout ce qui flatte les sens, le Taureau est un jouisseur, un sybarite.

S'il ne tenait qu'à lui, le monde ressemblerait à un lieu de délices.

Jeune ou vieux, il sait, comme Chateaubriand, qu'il a trop peu de temps à vivre pour perdre ce peu et, en disciple d'Horace, cueille le jour comme il vient.

Vénus est sa planète, elle l'oriente vers l'amour.

Il ne se trouble pas facilement, reste lent à s'enflammer, mais ne connaît plus aucune limite lorsque son désir est hameçonné.

Sans être concupiscent du matin jusqu'au soir, il est empreint d'une grande sensualité, qui exige une activité sexuelle intense et surtout variée.

On comprend, dans ces conditions, que ce n'est pas parce qu'il était polonais et que l'Église catholique, depuis le XVIe siècle, avait été dirigée par des papes italiens, que de nombreux cardinaux hésitèrent à choisir comme pape l'archevêque de Cracovie, Karol Wojtyla.

Le scandale redouté était d'une tout autre nature : le futur Jean-Paul II, né un 18 mai, était Taureau.

Certes Rodrigue Borgia, qui devint luimême pape sous le nom d'Alexandre VI, n'avait manqué, dans sa vie de débauche, ni de femmes ni d'enfants (sept précisément, si on compte le premier duc de Gandie, mort l'année qui précéda son sacre). Mais de là à renouveler l'expérience en laissant accéder à la suprême dignité un Taureau, à la génitalité incontrôlable par nature !

Un astrologue de renom m'a affirmé que le terrible attentat qui faillit coûter la vie à Jean-Paul II avait été programmé, dès son élection, par un quarteron de catholiques intégristes, décidés non à tuer le pape, mais à l'affaiblir suffisamment pour réduire à néant sa libido.

Si cette version se révélait un jour exacte, ce serait certes une flétrissure ineffaçable pour l'Église, mais un hommage indirect à la puissance sexuelle du Taureau.

De la table au lit, et retour

Le Taureau aime les plaisirs de la table autant que ceux du lit.

Cela lui complique l'existence, comme s'il ne savait jamais à quel saint se vouer.

La solitude le meurtrit ? Il enfle. Une nouvelle rencontre ? Il maigrit. Il aime et pense être aimé ? Il fond. Une déception sentimentale menace ? Il regrossit. C'est la rupture ? Il engraisse de plus belle, épaissit, gonfle et explose.

Inutile de demander à un Taureau comment vont ses amours – pesez-le.

Le Taureau hésitera à vous le dire mais, possessif et pragmatique, il adore qu'on s'occupe de lui.

Quel que soit son âge, il veut être dorloté, choyé et gâté comme un enfant.

Son rêve n'est pas de traverser les mers à la découverte d'horizons lointains, mais de rester lové sous un édredon moelleux, dans une chambre douillette, bercé par des paroles douces comme le miel.

Séducteur aux aguets, comme Rudolph Valentino, Patrick Bruel et Lætitia Casta, ou je-m'en-foutiste lunaire, comme Fred Astaire, Jacques Dutronc et Philippe Séguin, le Taureau, friand de câlins, avide de baisers, n'est jamais rassasié.

Ne vous laissez pas prendre à son air bourru, à son indifférence feinte. Sa logique inquiète est celle que décrivait le Dr Ronald Laing.

Vous lui dites que vous l'aimez, le Taureau vous demande aussitôt : « Vraiment ? »

Vous confirmez : « Oui, vraiment », il insiste : « Vraiment vraiment ? »

Vous ne pouvez être plus catégorique : « Oui, je t'assure, vraiment vraiment », il doute encore : « Vraiment vraiment... vraiment ?

– Mais oui, vraiment vraiment vraiment !

– Vraiment vraiment... vraiment vraiment ? »

Voilà, c'est la spirale amoureuse du Taureau – elle est sans fin, il n'y a pas de terminus. Toute la question est de savoir à quel moment vous n'en pourrez plus et sauterez du train en marche.

UN CALME OLYMPIEN

Du Taureau on dit qu'il est indolent.

On trouve sa figure apathique, son geste éteint, on moque sa placidité, on ironise sur son flegme, pour un peu on ajouterait que son équanimité frôle l'autisme.

C'est injuste. Le Taureau est un être profondément calme.

Renfermé ? Non. Réservé, circonspect, placide.

De tous les signes du zodiaque, c'est celui dont le sang est le plus froid.

Il n'est nullement à l'abri de l'énervement ou de la colère, mais même enragé il garde en lui quelque chose d'olympien.

Le Taureau vit à son rythme.

Il regarde le monde s'agiter autour de lui – pourquoi prendrait-il part à ce qu'il considère comme de l'affolement ? Il méprise le snobisme de la mode, la civilisation des gadgets, l'innovation pour l'innovation.

Bourrasque ou tornade, lui ne se laisse pas emporter. Votre stress n'est pas le sien.

Du coup, le Taureau passe pour un conservateur et cela lui joue des tours quand il se pique de gouverner ses semblables.

En 1995, l'ancien Premier ministre, Édouard Balladur, né un 2 mai, était sur le point de devenir président de la République, quand ses conseillers décidèrent de vivifier sa campagne électorale.

Jusque-là, ils avaient laissé leur candidat ressembler à lui-même, c'est-à-dire à un Taureau bon teint et, comme les citoyens goûtaient l'humeur sombre de ce bloc de marbre, ils l'avaient même encouragé à rester impassible, rembruni, presque atrabilaire.

Hélas, devant des sondages soudain favorables à son adversaire chiraquien, ils crurent à la supériorité de l'agitation brownienne sur le calme taurin, et poussèrent Édouard Balladur à opérer en un clin d'œil sa reconversion imaginaire.

Ils le firent piétiner son thème astral, monter sur les tables, danser comme un diablotin, affirmer à qui voulait l'entendre : « J'aime le mouvement ! » et lui qui expliquait quelques jours plus tôt « avoir les querelles et le bruit en horreur » fut contraint de prendre la pose du boxeur (« Qu'on se rassure, je sais me battre ! ») ou du mari dopé par la puissance énergétique de son épouse (« Ma femme raffole de Johnny Hallyday, elle assiste à tous ses concerts »).

Édouard Balladur, qui avait agi contre toute logique zodiacale, perdit bien sûr l'élection, et Jacques Chirac devint président.

La France avait rêvé d'un Taureau, d'un vrai Taureau, pacifique et tranquille, pas d'un apprenti forcené. Quitte à être gouverné par un excité, elle préféra choisir un Sagittaire.

Indestructible !

Trois qualificatifs qui conviennent au Taureau : résolu, obstiné et volontaire.

Ingénieux, plein de ressources, n'agissant jamais à la légère et sachant mettre à profit toutes les occasions qui se présentent à lui, le Taureau n'est pas de ceux dont on se débarrasse facilement.

Tout s'explique ! La pérennité de la lutte des classes (Karl Marx est né un 5 mai), la longévité de la dictature irakienne (c'est un 28 avril que Saddam Hussein est venu au monde) ou la très longue carrière de Charles Trenet (né un 18 mai).

Les enfants du Taureau

De tous les métiers que le Taureau est susceptible d'exercer, s'il n'est pas trop tard, on déconseillera celui d'enseignant.

Même s'il sait limiter l'empan de son égoïsme et manifester un intérêt sincère pour les autres, le Taureau ne dispose pas des qualités requises pour être un bon pédagogue : trop altier, trop rigide, trop sévère, plus désireux d'être obéi que compris, et surtout trop impatient.

C'est d'ailleurs un des principaux reproches qui peut être adressé au Taureau : il voudrait que les enfants ne soient pas des enfants.

Passées quelques minutes d'attendrissement ou de complaisance, il les veut plus grands qu'ils ne sont, déjà adultes, en un mot : à son image.

Chasseur, il attendra de son fils qu'il le devienne à son tour et déposera dans son berceau des bécasses mortes pour lui donner le goût du gibier.

Philosophe, il lui fera découvrir l'alphabet dans les *Méditations métaphysiques* de Descartes.

Médecin, il le laissera jouer au docteur, mais avec les phlébites et les tumeurs de ses patients.

Son espérance sera que sa progéniture le surpasse en suivant la direction que lui-même aura prise.

Voleur à la tire, il fera de son rejeton un bandit de grand chemin; politicien local, un ministre de la République; prêtre, un saint.

Parmi tous les Taureau que j'ai connus et qui rêvaient d'une descendance qui leur ressemble, il y en avait un à qui je disais que c'était à coup sûr une erreur.

Les planètes qui l'influençaient ont eu le dernier mot, il ne m'a pas écouté, il en est mort.

Il faut dire que c'était un ancien parricide.

Le charme du train-train

Le Taureau a le goût de la routine. C'est vrai à la maison, mais aussi bien au travail.

Ne lui parlez pas de mobilité ou de reconversion professionnelle. Sédentaire, terriblement popote, il se plaît beaucoup plus là où il est que là où il pourrait être.

Un emploi stable, voilà ce qui lui convient. Même monotone, même répétitif.

On a beaucoup décrié le taylorisme qui, pour le seul profit du patronat, transforma les ouvriers en robots, décomposant leur journée en une somme de mouvements élémentaires, indéfiniment recommencés. On se souvient de la pantomime de Charlot dans *Les Temps modernes* ou de la critique de Sartre dans *Situations* III.

Mais a-t-on pensé que, pendant toutes ces années d'organisation pointilleuse du travail, des millions de Taureau décérébrés avaient la joie de se retrouver chaque matin à la même place, dans un environnement prévisible, pour faire les mêmes gestes, à la seconde près, et obtenir en fin de mois... un salaire tout aussi immuable ?

Décrivant dans *Les Origines de la France contemporaine* le caractère du paysan français, Taine notait « sa ténacité, sa dureté pour lui-même, sa dissimulation, sa passion héréditaire pour la propriété et pour la terre ».

Il aurait voulu décrire le Taureau, il n'aurait pas mieux fait.

Le Taureau est un vrai terrien, attaché au sol, pour qui la sécurité matérielle n'est jamais acquise une fois pour toutes, et on ne sera pas surpris d'apprendre que, d'après les dernières statistiques de l'INSEE dont nous disposons sur « l'évolution comparée des planètes et du monde agricole » (1999), 92 % des agriculteurs sont nés entre le 21 avril et le 20 mai.

Posséder, économiser, thésauriser, amasser... De tous les plaisirs, celui que le Taureau recherche en priorité, c'est le plaisir d'avoir.

C'est pourquoi, doué d'un réel talent de gestionnaire, il peut devenir également un collectionneur invétéré. La philatélie, la numismatique, le bibelotage ou la copocléphilie, tout lui va, du moment qu'il entasse, et même si ce qu'il préfère de loin accumuler, c'est l'argent.

D'ailleurs, s'il fallait trouver au Taureau une mascotte appropriée, ce serait sans aucun doute l'un des personnages les plus attachants de l'univers Disney, l'oncle Picsou.

Pour n'importe qui, Picsou est l'homme (le canard) le plus riche du monde. Pour n'importe qui, sauf pour lui-même. D'où les deux activités épuisantes auxquelles il consacre sa vie : d'une part, gagner encore plus d'argent; d'autre part, le recompter inlassablement.

On retient surtout de Picsou son avarice. C'est une conséquence, pas une cause. Picsou, comme tout Taureau qui se respecte, n'est nullement assuré de sa bonne fortune et se retrouve contraint de la vérifier sans cesse.

Les exercices rituels par lesquels il tente de se rassurer (en caressant par exemple son premier sou porte-bonheur ou en plongeant dans les monceaux d'or de son gigantesque coffre) ne ressemblent à rien de moins qu'aux actes obsédants des névrosés, tels que les décrivait un autre Taureau célèbre, Sigmund Freud.

Le cérémonial intime de Picsou fonctionne comme un « acte sacré », qui doit être accompli à l'exclusion de tout public. C'est une manifestation de défense, une mesure de protection, et l'angoisse qui surgit quand son exécution en est différée n'a d'égale que la pacification intérieure que son accomplissement lui assure.

Le Taureau est comme Picsou, l'argent est son gri-gri, son talisman. Quand d'aucuns touchent du bois ou portent en breloque un fer à cheval, lui préfère les billets de banque.

Mais l'objectif reste le même : conjurer le sort.

Fidélité d'un infidèle

« Jamais sans ma famille » pourrait dire le Taureau qui reste attaché à son foyer même quand il s'en éloigne.

Car il s'en éloigne, attiré par le chant des sirènes, tenté par l'infidélité, mais toujours jaloux et possessif, ne voulant pas rompre, n'imaginant pas qu'on le quitte.

En réalité, son idéal serait de trouver en la même personne et le mari et l'amant, et la femme et la maîtresse, afin de pouvoir tromper son conjoint, mais avec lui-même.

Ne trahissez jamais un Taureau, vous le regretteriez longtemps.

Le Taureau a une mémoire d'éléphant, il n'oublie rien, et encore moins les offenses.

Blessé, il cicatrise, mais ne guérit pas.

S'il vous donne sa confiance, ne la prenez que si vous êtes sûr d'en être digne. Un faux pas, un manquement, et vous voilà perdu.

Observez un Taureau solitaire dans son coin, les yeux plissés, la tête penchée vers l'avant. Il ne dort pas, il rumine. Il remâche sans fin le passé comme du bétel, et ressasse chacune des avanies qu'il a subies.

L'histoire de la Révolution française ne s'éclaire-t-elle pas d'un jour nouveau lorsqu'on sait que l'un de ses acteurs les plus implacables, Robespierre, naquit un 6 mai ?

Ayant établi avec une précision maniaque la liste des 16 534 personnes dont il estimait à tort ou à raison devoir se venger, il n'eut de cesse qu'il ne les fît guillotiner. Puis, sa vendetta accomplie, sur le petit carnet qui ne le quittait pas et où il avait soigneusement noté leurs noms au cours des années, il en ajouta un 16 535e, le sien.

« Tu pensais que j'avais oublié ! » se dit-il à lui-même, avant de se conduire d'un pas décidé à l'échafaud.

Surpris, effrayé par sa propre détermination, il se répondit d'une voix cassée par l'émotion : « Pitié ! Pardonne-moi ! »

« Jamais ! Tu m'entends : jamais ! » et sans ménagement il mit sa tête sous le couperet.

« Que ne peux-tu me pardonner qui mérite la mort ? » se demanda-t-il dans un dernier sursaut.

Robespierre se regarda droit dans les yeux : « Ton manque de compassion » se répondit-il en Taureau fier et incorruptible. Puis, d'un geste sec, il actionna le mécanisme de la guillotine.

Humour taurin

D'un naturel simple et sain, le Taureau n'est pas du genre à faire montre d'exubérance. On ne saurait attendre de lui qu'il soit volubile, qu'il joue les amuseurs publics.

Pourtant, il ne manque pas de fantaisie.

Il n'ira pas risquer sa fortune au casino,

il sait n'être pas chanceux, mais il aime s'amuser, plaisanter même.

Il suffit de prendre son humour comme il vient, au premier degré, et même au premier degré du premier degré.

Quand le maréchal Pétain, qui était né un 24 avril, s'engagea dans la collaboration avec l'Allemagne, ne proclama-t-il pas *urbi et orbi* que c'était pour le bien de la France ? Eh bien, ce qui aurait été chez un Capricorne ou un Scorpion une pure félonie, chez ce Taureau galonné n'était que de l'humour.

Et maintenant ?

Si vous connaissez votre ascendant, reportez-vous aux pages qui le concernent.

Mais que vous le connaissiez ou non, lisez en priorité les chapitres écrits sur quatre autres signes : votre signe *inverse* – ses points forts sont vos points faibles, ses points faibles vos points forts; votre signe *opposé*, c'est-à-dire celui qui fait face au vôtre sur l'axe du zodiaque et dont le symbolisme est complémentaire du vôtre; et enfin vos deux signes *affinitaires*, dont la sympathie et la complicité vous seront précieuses.

SIGNE INVERSE : le Verseau.
SIGNE OPPOSÉ : le Scorpion.
SIGNES AFFINITAIRES : la Vierge
et le Capricorne.

Gémeaux

21 mai – 21 juin

Élément : **l'air.** Planète : **Mercure.**
Qualités : **communication, curiosité, rapidité.** Défauts : **superficialité, goût du mensonge, inconstance.**
Emporterait sur une île déserte :
le Bottin mondain.

Le sens des affaires

L'habileté du Gémeaux n'est plus à démontrer.

De tous les signes du zodiaque, c'est le plus malin, le plus astucieux. Il est doué pour la communication, il a le goût des échanges, la bosse du commerce, le sens des affaires.

Mercure, le dieu des voleurs, veille sur lui.

À cinq ans, il est capable de troquer les cigarettes de sa mère contre des caramels. À vingt, de vendre la tour Eiffel à des Australiens.

Malheureusement, il lui arrive parfois de confondre débrouillardise et manipulation.

Tel le prince Rainier III de Monaco, qui sous-loua aux journaux du monde entier la vacuité de son existence et l'ineptie de son royaume.

Pire ! Comme Jean-Marie Le Pen, autre Gémeaux célèbre, qui réussit des années durant à échanger du vent contre de la haine.

Un amoureux du monde

Avenant, ouvert, sociable, le Gémeaux est un convive idéal.

À la question « Êtes-vous libre demain ? », il répond oui, avant même de consulter son agenda, quitte à jongler ensuite avec les rendez-vous.

Cocktails mondains, five o'clock, dîners en ville du Tout-Paris qui chante et qui sourit, mais aussi bien communions solennelles ou mariages, pique-niques ou apéros, il est volontaire par principe pour toutes les réjouissances.

Pour autant, il serait injuste de voir en lui un écumeur de marmites, semblable à cet écornifleur de renard dont parle La Fontaine.

Le Gémeaux n'est pas un parasite attiré par le fumet des cuisines, l'un de ces désagréables pique-assiettes qui ne cherchent qu'à se nourrir sans bourse délier. Non, ce qu'il aime, ce n'est pas remplir sa panse, c'est parader en public.

Ami du peuple comme Marat, génie comique comme Guy Bedos ou Bouddha vivant comme le dalaï-lama, il est fasciné par sa propre popularité et comment mieux mesurer celle-ci qu'aux invitations qu'il reçoit, qu'aux applaudissements que recueillent ses bons mots, qu'aux remerciements que lui adressent ses hôtes ?

À force de frotter et limer sa cervelle contre celle des autres, le Gémeaux finit par avoir du discernement. Hélas, son désir de briller ne lui permet guère de s'en servir.

Le commerce régulier des hommes lui apprenant la plupart de leurs secrets, il n'a de cesse qu'il ne les ait révélés, histoire de provoquer quelques « oh ! » et quelques « ah ! » supplémentaires.

Emporté par le besoin d'épater la galerie, il ne tient pas sa langue.

L'Histoire se souvient depuis vingt siècles du bavardage d'un Gémeaux nommé Judas l'Iscariote, qui perdit en quelques instants sa réputation.

Après avoir colporté auprès des autorités locales quelques commérages, ce que Judas voulait faire en s'approchant du visage de Jésus, ce n'était pas lui déposer un baiser sur la joue pour le désigner aux soldats, mais lui raconter à l'oreille la dernière indiscrétion qu'il venait d'apprendre des Romains.

Le malentendu fut fatal aux deux hommes.

Insaisissable

Le Gémeaux est désinvolte. Encore faut-il s'entendre sur ce qu'est sa désinvolture.

Du laisser-aller ? Du sans-gêne ? Pas du tout. De l'aisance, de la légèreté. Voilà, le Gémeaux est léger, aérien même.

On peut bien sûr moquer sa superficialité – les esprits balourds sont d'un jaloux ! Le Gémeaux survole, c'est vrai, grappille ici, picore là, mais n'y a-t-il pas chez lui ce côté touche-à-tout de génie qu'on trouve chez les artistes de la Renaissance ?

Est-ce parce qu'il ne tient pas en place qu'il serait inconstant ?

Faut-il lui reprocher sa vie tourbillonnante alors que c'est le propre de la vie que de tourbillonner ?

Une des rares fois où le général de Gaulle se sentit dépassé par les événements (il s'agissait de ceux de 1968), il ouvrit sa main à plat devant lui et la referma lentement comme pour capturer l'air qui lui échappait.

Un seul mot sortit de sa bouche : « Insaisissable ! »

Nous étions le 21 mai, on entrait dans la période des Gémeaux, période que tous les pouvoirs détestent tant la dissipation y est contagieuse.

La véritable histoire du Gémeaux

Gémeaux, signe double !

S'il est une caractéristique qu'on lui reconnaît, c'est bien celle-là.

On vous en donne pour preuve le latin *gemellus*, « jumeau », dont « gémeaux » serait la réfection savante, et dans les secondes qui suivent, on évoque Castor et

Pollux, les deux fils que Léda aurait eus avec Zeus, qui avait pris la forme d'un cygne pour s'unir à elle.

La vérité historique est tout autre.

Léda, fille de Thestios, roi d'Étolie, était la femme de Tyndare, roi de Lacédémone. La nuit même où elle s'accoupla avec Zeus, pour des raisons qu'il ne nous appartient pas de juger, elle fit l'amour dans la foulée avec son mari et, au terme de cette nouvelle partie fine, se retrouva enceinte.

Neuf mois plus tard, cette double copulation avait engendré non pas un, mais deux œufs, non pas deux, mais quatre enfants : Castor, Pollux, Clytemnestre (la future femme d'Agamemnon) et Hélène (que la guerre de Troie immortalisa).

Les Gémeaux étaient quatre !

Mais là ne s'arrête pas cette histoire, qui montre aux humains qu'ils ne doivent pas se frotter aux dieux.

Castor avait été conçu avec Clytemnestre, Pollux avec Hélène, mais des liens trop forts unissaient les quatre rejetons pour qu'ils attendissent paisiblement la délivrance de leur mère. Aussi les deux frères, à qui Zeus avait dû transmettre quelques-uns de ses pouvoirs, engrossèrent-ils à leur tour leurs deux sœurs, alors même que tous les quatre cohabitaient encore dans le ventre maternel.

Ce quadruple inceste fœtal provoqua donc deux autres grossesses, elles-mêmes doubles, à l'intérieur de la grossesse de Léda, pourtant déjà bien assez compliquée.

Clytemnestre, enceinte de ses deux frères, se retrouva, le jour même de sa naissance, mère de deux garçons, Ménechme et Besson, tandis que sa sœur Hélène, ayant subi les mêmes outrages qu'elle, donnait le jour à deux filles, Sistership et Sosie.

Les Gémeaux étaient huit!

Je ne reprocherai pas aux Grecs d'avoir simplifié cette édifiante série de transgressions. À une époque où la mythologie s'apprenait en classe, sans doute ne voulurent-ils pas embrumer le cerveau des écoliers.

Mais quand on me parle aujourd'hui du Gémeaux comme d'un signe double, ambivalent, je souris, pensant à ses six autres composantes, qui font de lui un être octocéphale, autrement plus tarabiscoté qu'on l'imagine.

Le Gémeaux adore la conversation.

Beau parleur, spirituel et brillant, il a du bagout, de la platine, comme on disait autrefois.

Les joies du papotage, du commérage et du cancanage, il en use et en abuse.

Shéhérazade était Gémeaux, Cathos et Magdelon aussi, que Molière critiqua à bon compte, comme si les Précieuses, se limitant à quelques excentricités de langage, n'excellaient à discourir que sur des sujets futiles.

Et puis sait-on que 94 % des étudiants en droit, dont la loquacité se démontrera plus tard bien utile, sont nés entre le 21 mai et le 21 juin ?

Car le Gémeaux, qui n'est jamais à court d'arguments, aime disputer de tout.

Un sujet de controverse ? Sa thèse est prête, il vous la livre à la commande. On lui oppose une objection ? Il s'arrête, ravi, la déguste en connaisseur, puis la pourfend, le sourire aux lèvres.

« Ne pas argumenter contre un Gémeaux est le début de la sagesse » écrivait Simone de Beauvoir dans *La Cérémonie des adieux*, citant quatre Gémeaux célèbres pour leur dialectique subtile

(Jean-Paul Sartre, Georges Marchais, Jean-François Kahn) ou leur musculation (Johnny Weissmuller).

J'en fis la cruelle expérience le jour où l'un d'entre eux me renvoya par la poste une cassette vidéo à laquelle je tenais beaucoup et que je lui avais confiée pour son usage.

Constatant que ce précieux enregistrement était en grande partie effacé, je lui téléphonai aussitôt.

« Comment peux-tu m'accuser ? répondit mon Gémeaux, jamais à court d'arguments. Premièrement, tu ne m'as jamais remis de cassette. Deuxièmement, quand je te l'ai rendue, elle était intacte. Troisièmement, quand tu me l'as confiée, je me souviens très bien qu'elle était déjà effacée. »

INCAPABLE DE VIEILLIR

Crèmes de beauté, chirurgie esthétique, voilà bien de coûteuses dépenses que le Gémeaux peut s'épargner.

Jusqu'à la quarantaine, il paraît dix ans de moins que son âge.

À la quarantaine, il s'arrête de vieillir. Et à l'heure où la vitalité fléchit, où l'organisme se dégrade, sans songer à signer le pacte de Faust avec Méphistophélès, le Gémeaux rayonne d'une inoxydable jeunesse.

À regarder les photos ou les posters de ces éternels adolescents que sont Che Guevara et Marilyn Monroe, qui pourrait croire que ces sympathiques Gémeaux ont eu respectivement soixante-douze et soixante-quatorze ans en l'an 2000 ?

Le goût des préliminaires

Le Gémeaux n'est pas fidèle, c'est reconnu, on ne peut le nier.

Ce qu'il aime dans l'amour, c'est séduire.

Aussi le voit-on multiplier les assauts – avec succès quand dame Nature l'a favorisé, avec persévérance dans tous les cas.

Homme, on lui reproche d'être un charmeur, un lovelace, un larron d'honneur. Femme, on l'accuse d'être une allumeuse, une séductrice, une affoleuse.

Pourtant, il n'est pas rare que le Gémeaux retarde volontairement le moment de conclure. C'est minauder ou débiter des fleurettes qui lui plaît, arriver au but l'enivre moins que d'y tendre.

Il a le goût des préliminaires, des cours assidues, tant mieux même si l'autre se dérobe.

La facilité l'ennuie, l'indifférence le charme. Cédez-lui, il se morfond déjà. Résistez, le désir revient.

Tout est si vite fade pour le Gémeaux, même le piment du sexe !

Il y a une inconstance qui vient de la faiblesse. Il y en a une autre qui vient de la lassitude que le monde inspire. L'inconstance du Gémeaux est de la seconde sorte.

Si vous vous liez à un Gémeaux, épargnez-lui les tâches ménagères, les travaux domestiques. Et ne cherchez pas non plus à le posséder tout entier : il est trop libre pour se laisser truster.

Ce qui l'aiguillonne, ce sont les situations bancales, les états limites, les difficultés, les crises, toutes les occasions de la vie où il peut s'identifier à l'acrobate qu'il est dans l'âme.

En réalité, l'amour dont il rêve ressemble à un rendez-vous organisé la nuit, à la dernière minute, avec quelqu'un qui arrive de loin et repart vite.

Un hyperactif professionnel

Le Gémeaux est un activiste intransigeant.

À toutes les heures du jour et de la nuit, c'est le coup de feu.

Allegro vivace ou *presto*, le mouvement est vif, le geste rapide, impétueux, c'est la *furia francese* au quotidien !

Sur ses bulletins scolaires, cela donne « enfant chahuteur », « a du mal à se concentrer », « devrait canaliser son énergie ».

Sur son carnet de santé, les médecins écrivent « hyperactif », « à surveiller ».

Ses parents se consolent en pensant que, plus tard, le Gémeaux mettra son dynamisme au service d'une brillante vie professionnelle.

Hélas, s'il travaille par exemple dans un bureau, son supérieur hiérarchique ne pourra que noter : « S'absente vingt fois par jour pour boire un café au distributeur automatique. »

Jamais à l'heure !

Le Gémeaux sait être ponctuel quand il le faut. Mais quand il estime que cela n'est pas indispensable, il est systématiquement en retard.

Systématiquement, c'est-à-dire quels que soient la distance à parcourir, la météo, les embouteillages et autres impondérables.

On l'appelle par exemple pour le dîner. Miracle, il arrive ! Il quitte sa chambre sur-le-champ et se dirige vers la salle à manger. Il fait beau, la visibilité est bonne, on ne déplore aucun bouchon le long des huit mètres de couloir qui le séparent de sa destination. Cinquante minutes plus tard, il n'est toujours pas arrivé.

L'accident est improbable, on se perd en conjectures, les plus angoissés veulent prévenir les secours. Il franchit le seuil de la porte. Fourbu, moulu, comme s'il avait traversé une forêt et lutté contre les loups.

Qu'a-t-il fait pendant tout ce temps ? Mystère. Lui-même le sait-il d'ailleurs... Il est en retard, c'est tout, c'est sa seconde nature, est-ce qu'on demande au corbeau pourquoi il croasse, à la souris pourquoi elle chicote ?

Le Gémeaux n'ignore pas les horaires, il les interprète.

Vous lui aviez dit : « Huit heures sonnantes », il a écouté son désir derrière votre demande, il est là à neuf heures, surpris que vous l'ayez attendu, déçu même de l'agacement qui est le vôtre.

Il sait que des deux, c'est vous qui êtes dans l'erreur.

Ses matinées à lui sont plus grasses, ses soirées plus longues, c'est un retardataire heureux, voire arrogant, car il jouit des minutes qu'il arrache à votre exactitude.

Mais, de grâce, ne l'accablez pas sous les reproches.

Si le malheureux Gémeaux John Kennedy avait été à l'heure, c'est en 1962 qu'il aurait été tué à Dallas, soit un an plus tôt.

L'art du mensonge

Le Gémeaux ment comme il respire.

Que dis-je « comme il est respire » !

Même mort, Céline (né un 27 mai) réussit à nous faire croire qu'il est un grand écrivain.

Lui apprendre à dire « Aïe ! »

Question santé, le Gémeaux trompe son monde.

On le croit incassable, il est fragile.

Certes, il n'accepte de se reposer ou de se soigner qu'à la limite de ses forces, mais, tout le reste du temps, il souffre plus que ne laisseraient croire ses rodomontades.

C'est que sa détresse a le tort de se dissimuler sous sa désinvolture. Sa souffrance est discrète, trop sans doute.

Le Gémeaux encaisse et se tait. Aussi faut-il lui apprendre à dire « j'ai mal » avant qu'il ne soit trop tard.

Partisan de l'école publique, je ne peux que regretter ses défaillances. Quand comprendra-t-elle enfin ce que les écoles confessionnelles ont assimilé depuis des siècles ?

Qu'il revient au pédagogue de confondre, pour le bien de certaines de ses ouailles, éducation et dressage.

Que seuls des châtiments corporels, soutenus par quelques cours de martyrologie bien sentis, peuvent permettre à des petits Gémeaux introvertis d'extérioriser leurs sentiments et de découvrir, depuis le « aïe » sonore jusqu'au « ouille » tonitruant, le réconfort des douleurs expansives.

Et maintenant ?

Si vous connaissez votre ascendant, reportez-vous aux pages qui le concernent. Mais que vous le connaissiez ou non, lisez en priorité les chapitres écrits sur quatre autres signes : votre signe *inverse* – ses points forts sont vos points faibles, ses points faibles vos points forts ; votre signe *opposé*, c'est-à-dire celui qui fait face au vôtre sur l'axe du zodiaque et dont le symbolisme lui est complémentaire ; et enfin vos deux signes *affinitaires*, dont la sympathie et la complicité vous seront précieuses.

Signe inverse : **le Gémeaux.**
Signe opposé : **le Cancer.**
Signes affinitaires : **le Taureau et la Vierge.**

Cancer

22 juin – 22 juillet

Élément : **l'eau.** Planète : **la Lune.**
Qualités : **esprit de famille, discrétion, générosité.** Défauts : **passivité, nombrilisme, inquiétude.**
Emporterait sur une île déserte : **deux alliances.**

L'amour des siens

Qui dit Cancer dit famille.

L'affaire est entendue : le Cancer aime les tribus, les clans, les smalas.

Sa mère est une sainte, son père un sage, et il voit d'autant moins comment rompre le cordon ombilical que celui-ci le relie à une bonne centaine d'ascendants, descendants et autres collatéraux.

Même orphelin, célibataire et sans

enfants, le Cancer pense toujours à la première personne du pluriel.

Entre-t-il dans une maison qu'il se demande si son futur conjoint aimerait y habiter. Un joli minois l'aborde dans la rue, la minute d'après il pense déjà à l'épouser. Et s'il achète dans la foulée un billet de train, le voilà qui exige sur-le-champ la réduction couple.

Professionnellement, c'est le même tonneau : quelles que soient les relations dans lesquelles il se trouve pris, le Cancer cherche à reproduire son schéma familial.

Employé, il joue au fils modèle. Patron, il devient paternaliste. Navigateur solitaire, il triche et embarque avec lui deux passagers clandestins, histoire de reproduire en mer le triangle œdipien.

La commission Katzenbach, dans son rapport intitulé *The Challenge of Crime in a Free Society*, concluait son enquête sur le crime organisé en notant que 91 % des membres de la Mafia sont nés entre le 22 juin et le 22 juillet et que, vu la fascination qu'exerce sur eux l'expression de « famille », utilisée couramment pour désigner ce regroupement scélérat, celle-ci doit être bannie du vocabulaire courant si l'on veut avoir la moindre chance de voir des repentis s'en séparer.

Saint-Exupéry, Frédéric Dard, Pierre Perret, Nelson Rockefeller... Vous cherchez un ami, choisissez un Cancer : le plus généreux des signes du zodiaque est aussi le plus fidèle.

Il vous prêtera sa voiture, les clés de son appartement, gardera vos enfants, sortira votre chien.

Il vous écoutera vous plaindre, recueillera vos confidences, vous fournira à la demande conseils, cautions ou alibis.

Vous le réveillerez la nuit pour des broutilles. Il lavera votre linge, fera votre valise, se lèvera à l'aube pour vous accompagner à un examen, sera même prêt à le passer à votre place.

Il accomplira pour vous et votre famille les formalités administratives que vous détestez remplir.

Il sera selon les cas votre garde-malade, votre chaperon, votre homme de main, votre prête-nom.

De tous les amis que vous aurez dans votre vie, ce sera le meilleur.

Mais pas forcément le plus endurant...

Aussi, ne soyez pas étonné si, par un pluvieux jour d'automne, vers 18 heures, à l'heure où le découragement du jour rencontre l'amertume de la nuit, il décide de vous étrangler, vous, votre conjoint, vos cinq enfants et votre chien.

Et puis non ! Généreux comme il est, il épargnera votre chien.

L'angoisse au quotidien

Le Cancer est un anxieux.

Ne se berçant d'aucune illusion sur la nature humaine, il s'attend au pire et, quand le pire n'arrive pas, il s'inquiète.

A-t-il un projet qui lui tient à cœur ? Parvient-il à ses fins ? Est-il enfin heureux ? Le Cancer se tourmente aussitôt : « Qu'est-ce que cela cache ? »

Contrairement à l'homme qui dégringole du quarantième étage d'un building et se dit, quelques mètres avant de s'écraser sur le sol : « Jusque-là tout va bien », le Cancer ne peut s'approcher d'une fenêtre ouverte sans penser : « Pourquoi ne suis-je pas encore tombé ? »

À ses yeux, la joie est la fausse accalmie du chagrin.

Compagnon de route des antidépresseurs, le Cancer s'angoisse avec entrain, trouvant dans l'ouragan bien plus de réconfort que dans la bonace.

« Le beau temps annonce le mauvais, répète-t-il sur la plage de ses vacances à l'insouciant que les premiers rayons du soleil voient partir bronzer. Comment jouir de cette journée radieuse, puisque c'est sur sa propre disparition que le soleil anticipe ? Il faut préférer tout au contraire les sautes de vent, le grain, la tempête – une fois qu'ils sont là, plus rien à redouter ! Se dire, quand il pleut : “Demain il fera beau”, est-ce que cela ne vaut pas mille fois l'inverse, au point de rendre la pluie désirable ? Ne voulez-vous pas vivre dans l'espoir plutôt que dans la crainte ! Un homme libre risque à chaque pas la prison, alors que c'est la liberté qui tend les bras au prisonnier. Une fois que l'arme qui vous menace a tiré les balles qu'elle contenait, elle ne peut plus rien contre vous. »

Ainsi va la dialectique du Cancer que l'angoisse conduit au sophisme et qui, croyant désarmer son malheur, le fabrique.

Ce fut le cas de la princesse Diana, qui était née un 1er juillet.

Mais avant elle, combien d'autres Cancer moururent jeunes dans le seul espoir de pouvoir ensuite vivre vieux !

Le Cancer marche de biais comme l'animal qui le représente.

Les affrontements, les tensions ? Merci pour lui.

Prenez Jean Cocteau, Marc Chagall, Lino Ventura ou Peyo. Ils n'étaient pas de ces battants qui biberonnent l'idéologie américaine et n'ont à la bouche que « *struggle for live* ».

Ce qui les a mobilisés, ce n'est pas la compétition ou la performance, mais le travail bien fait.

Alors épargnez au Cancer tout stress, préservez-le des conflits, respectez son rythme, accordez-lui des pauses, excusez ses absences, exemptez-le de réunions, revoyez à la baisse vos exigences, ne lui fixez d'ailleurs aucun objectif, faites-lui grâce des bilans, rapports et autres synthèses, acceptez que son bureau soit une pouponnière et sa vie un cocon.

Bref, comportez-vous en adulte responsable et non en despote capricieux – le Cancer vous donnera entièrement satisfaction.

Cancer deuxième langue

Le Cancer pousse l'amour des siens jusqu'à vouloir que chacun des mots qu'il utilise traduise ses intentions affectueuses. Il finit par constituer une langue fonctionnelle, possédant assez de caractères spécifiques pour être considérée comme un système linguistique en soi.

Champion toutes catégories des diminutifs, amateur éclairé des redoublements hypocoristiques (c'est ainsi qu'il ne dira pas de sa progéniture aimée ma « fille », mais ma « fifille »), le Cancer fabrique progressivement un parler local, intraduisible à l'étranger et parfois même obscur pour ses proches.

Il en résulte de sérieux problèmes de communication aux postes éminents qu'il lui arrive d'occuper.

Car si un simple citoyen peut raconter à la cantonade que « le papounet de Riton fait mumuse à la baballe avec le chienchien », il est beaucoup plus difficile à un président ou à un souverain de baragouiner ses discours dans un sabir enfantin, comme le Cancer ne peut plus s'empêcher de le faire après un certain âge.

C'est ce que comprit en son temps le roi d'Angleterre Édouard VIII, fidèle au symptôme lexical de son signe, qui abdiqua en 1936 pour continuer à babiller avec Bessie Simpson sans nuire aux intérêts de la Couronne.

Les Français regretteront de leur côté que Georges Pompidou, autre Cancer célèbre, n'ait pas fait montre de la même sagesse, et qu'il ait attendu d'être saisi par la mort, en plein mandat, pour interrompre l'idiome personnel, le « Pom'Pom'Pidou », dont il avait voulu faire en vain la langue officielle de sa brève présidence.

Le culte du passé

Le Cancer vit souvent le présent comme une fatalité et, pourvu d'une mémoire exceptionnelle, se raccroche au passé.

Mélancolique et rêveur, il aimerait se retirer du monde et, dans l'attente, s'en protège. Par un rideau!... par un écran!... par un bouclier! Que dis-je, par un bouclier?... par une armure!

Le premier ministre Lionel Jospin, né un 12 juillet, reconnut très honnêtement qu'il lui avait fallu attendre l'âge de soixante ans pour se convaincre qu'il était vivant.

Les natifs du Cancer ont un don que quelques-uns seulement savent utiliser : leur intuition.

Habitués à descendre en eux-mêmes à des profondeurs que l'esprit ne visite pas, percevant plus rapidement et plus intensément que n'importe quel autre signe ce qui se joue au cœur du vivant, ils peuvent entrer en sympathie avec ce qu'il y a d'inexprimable dans l'être.

Ce que Balzac appelait le « divin coup d'œil » leur permet d'accéder en un instant là où des jours de cogitation laborieuse permettraient tout juste à un Sagittaire ou à une Balance de se hisser.

Cette singulière clairvoyance, qui s'apparente au flair chez l'animal, permet au Cancer de résonner du bruit du monde, de communier avec la nature, de vivre en symbiose avec son entourage.

Mais gare à celui ou à celle qui devient la proie de sa perspicacité ! Rien ne lui échappe – ce qu'il veut regarder il le voit, ce qu'il veut savoir il l'apprend, ce qu'il veut posséder il s'en empare.

Salvador Dalí est l'exemple même d'un Cancer paresseux et sans talent, promis à l'anonymat du notariat par son notaire de père, mais doué d'un pouvoir médiumnique hors du commun.

Devenu ami à l'adolescence avec un jeune Catalan, né comme lui en 1904 (mais le 11 mai) et dont le hasard voulut qu'il fut son homonyme exact (le jeune Catalan s'appelait en effet Salvador Dalí), celui qui se vantait d'être « le peintre le plus célèbre du monde » se contenta toute sa vie de reproduire les visions de son petit camarade.

Comme il finit par le reconnaître dans sa *Vie secrète* : « Toute la journée, assis devant mon chevalet, je fixais ma toile comme un médium pour en voir surgir les éléments de l'imagination de Salvador. Quand les images se situaient très exactement dans le tableau, je les peignais à chaud, immédiatement. »

Vampirisation artistique qui est loin d'être unique, puisqu'on sait aujourd'hui que l'œuvre ô combien controversée du Cancer William Shakespeare (né le 23 juin 1564) a été écrite par un parfait inconnu, qui eut simplement le malheur de naître deux mois plus tôt, jour pour jour, et de porter le même nom.

Le Cancer ne veut rien devoir à personne.

Honorer ses factures est sa prière du matin.

Chaque dette est une dette d'honneur, il voudrait s'en acquitter avant même de l'avoir contractée.

En réalité, tout se passe comme s'il avait le sentiment de ne jamais pouvoir solder son compte.

Quelle faute a-t-il commise pour se penser ainsi en débiteur perpétuel ? Cette dette inextinguible est-elle le prix qu'il accepte de payer pour un crime, inconnu de tous, mais dont sa conscience n'est pas près de le soulager ?

Quoi qu'il en soit, riche ou pauvre, poursuivi par la justice (Christine Deviers-Joncour) ou figure même de la probité (Simone Veil), le Cancer est un coupable « en or ».

Même quand vous pensez avoir tort en l'accablant de reproches injustifiés, n'hésitez pas ! Lui sait que vous avez raison.

Le Cancer veille sur lui-même comme sur la prunelle de ses yeux.

Si dans l'antichambre des médecins on élevait un autel à l'un des signes du zodiaque, nul doute que le Cancer y figurerait en bonne place.

Au moindre bobo, il consulte. Ses proches d'abord, qu'il bassine. Les médecins ensuite, qu'il enrichit.

Pour un mal de dos, Jacques Delors (né un 20 juillet) renonça à l'Élysée !

Le grand Galien, resté dans les mémoires pour avoir été le thérapeute attitré de l'empereur Marc Aurèle, fut également le médecin des gladiateurs de Pergame.

Habitué de ce fait à soigner les constitutions les plus robustes, il expliquait qu'avec les natifs du Cancer, même rétiaires, thraces ou mirmillons, il ne fallait pas compter moins de huit semaines de convalescence pour de l'urticaire et quatre mois pour une grippe. Les jeux du cirque en étaient sans cesse perturbés.

Dix-huit siècles plus tard, la Société de chirurgie de Chicago excluait de ses rangs l'un de ses membres, que sa cupidité poussait à flatter l'hypocondrie de ses patients et qui avait accepté de pratiquer en une seule année seize ablations de l'appendice sur le même Cancer, qui croyait dur comme fer que ledit appendice repoussait après chaque opération.

Baiser comme des bêtes !

En amour, le Cancer est un idéaliste.

La concupiscence, cette « profonde et honteuse plaie de la nature » que fustigeait Bossuet parce qu' « elle cause dans le genre humain de si effroyables désordres », n'est pas son genre.

Le Cancer est un être caressant, qui fuit le flirt et l'aventure d'un soir. Loin des plaisirs frivoles, il veut s'engager, pas s'ébattre. D'aucuns papillonnent, lui s'enracine.

Sentimental, romantique, il a besoin de tendresse plus que de volupté.

Aussi est-ce sans surprise que l'on doit à un jeune Cancer l'un des slogans les plus réussis de Mai 68 : « Baiser comme des bêtes ! »

Contrairement à l'apparence, ce mot d'ordre ne prône nullement le déchaînement des sens. Il fait au contraire l'apologie de ce qu'il y a de plus réglé dans le monde animal : le rapport à l'autre sexe.

Le Cancer le sait et l'admire, s'il existe des êtres sexuellement corrects, ce sont bien nos amies les bêtes. Du pigeon à l'éléphant, chacun trouve sa chacune, sans s'emmêler les pinceaux, sans dépravation ni relâchement des mœurs, et surtout en ne passant que le strict temps nécessaire à l'accomplissement de l'acte.

L'éthologie a isolé depuis longtemps les modèles du coït chez l'animal selon son type – plus aucune surprise n'est au rendez-vous. Aussi disciplinés que les communistes de la grande époque, les animaux sont toujours dans la ligne, fidèles aux mots d'ordre du parti invisible qui leur dit quand, où et comment, ils doivent s'accoupler.

Bref, « Baiser comme des bêtes », c'était pour notre Cancer de Mai 68 s'approcher au plus près de son idéal d'une sexualité standard.

On doit à la vérité d'ajouter que ce slogan, peint en lettres majuscules sur l'un des murs de la Sorbonne, fut très mal interprété à l'époque.

À L'OMBRE DES NUMÉROS 1

Le Cancer est un être discret, doué pour jouer les seconds rôles.

Éminence grise ou faire-valoir, il ressemble en cela à la Lune, sa « planète », qui se contente de refléter la lumière du soleil.

Jusqu'au jour où elle l'éclipse.

ET MAINTENANT ?

Si vous connaissez votre ascendant, reportez-vous aux pages qui le concernent.

Mais que vous le connaissiez ou non, lisez en priorité les chapitres écrits sur quatre autres signes : votre signe *inverse* – ses points forts sont vos points faibles, ses points faibles vos points forts ; votre signe *opposé*, c'est-à-dire celui qui fait face au vôtre sur l'axe du zodiaque et dont le symbolisme lui est complémentaire ; et enfin vos deux signes *affinitaires*, dont la sympathie et la complicité vous seront précieuses.

SIGNE INVERSE : **le Sagittaire.**
SIGNE OPPOSÉ : **le Capricorne.**
SIGNES AFFINITAIRES : **le Poissons et le Scorpion.**

Lion

23 juillet – 22 août

Élément : le feu. Planète : le Soleil.
Qualités : détermination, ambition, panache. Défauts : vanité, despotisme, lubricité.
Emporterait sur une île déserte : un miroir en pied.

Ténacité et obstination

La vérité n'impressionne pas le Lion, l'autocritique n'est pas son fort.

Il a décidé une fois pour toutes d'avoir raison et il ne voit pas pourquoi il se compliquerait l'existence en changeant d'avis au gré des événements.

Si un Lion se lève le matin en annonçant à la cantonade qu'il fera beau, il n'en démordra pas : ni le froid, ni la pluie, ni la grêle, ni le brouillard, ni la neige, n'auront le dernier mot.

Et si, le soir venu, vous vous retrouvez grelottant la fièvre, crotté jusqu'à l'échine, inutile de lui faire valoir que, par sa faute, vous avez été trempé jusqu'aux os.

Aux yeux d'un Lion, la météo est d'abord une affaire de volonté.

De l'oisiveté considérée comme une malédiction

Enfant, le Lion abomine la sieste.

Adulte, pour se maintenir actif, il est tenté par le somnambulisme.

Le dictateur serbe Milošević (né un 20 août) engageait ses troupes à la tombée de la nuit pour que le cri des agonisants le maintienne éveillé.

Entre deux combats, pour lutter contre le sommeil, Mussolini (né un 29 juillet) faisait écorcher des chats dans les cuisines de son palais.

Quant à la reine mère d'Angleterre, qui fêta ses cent ans le 4 août 2000, chacun sait chez les Windsor qu'elle resta à Londres pendant le *Blitz* nazi, non par solidarité avec le petit peuple qu'elle méprisait, mais pour profiter du tintamarre des bombes qui, pour son plus grand plaisir, l'empêchaient chaque nuit de fermer l'œil.

Toujours sur le qui-vive, plus le Lion avance en âge, moins il se repose.

Le désir chez le Lion

Question sexualité, ce qui motive le Lion c'est le beau, pas la performance.

D'où certains malentendus avec son entourage qui, confondant ostentation et exhibitionnisme, fierté et prétention, magnificence et esbroufe, lui reproche souvent d'attiger la cabane, c'est-à-dire de faire admirer ses attributs au premier venu pour lui reprocher ensuite son indiscrétion.

L'un des Lion les plus célèbres du XXe siècle, Bill Clinton, paya très cher son goût pour la parade.

La photo du ciel au moment précis de sa naissance permet de comprendre pourquoi son pénis – on s'en souvient – se retrouva au centre d'une bourrasque planétaire.

Vous êtes-vous jamais demandé quand l'organe présidentiel commença à passionner l'Amérique ? C'est le jour où il apparut qu'une jeune femme, Paula Jones, avait non pas tâté ou goûté, mais vu – de ses yeux vu – le pénis que le fringant Clinton avait exhibé sous ses yeux, et qu'elle se faisait fort d'en dessiner la configuration, sans oublier un « détail » que son œil attentif avait remarqué, parce qu'il donnait un cachet d'exotisme à l'instrument du délit.

Un détail, un merveilleux détail ! Un petit n'importe quoi, mais équivalent de cette tache de vin qui, sur la fesse des princesses, authentifie leur lignée dans les romans de cape et d'épée.

Comment Paula Jones n'aurait-elle pas fait gambader l'imagination d'un peuple fureteur, toujours prêt à monter en chambre pour déboutonner ses élus et battre des mains devant les phénomènes ?

Quand on découvrit plus tard le joli minois de Monica Lewinsky (coïncidence ? le président et sa stagiaire étaient tous les deux du même signe), nul ne fut surpris d'apprendre de ses lèvres qu'elle s'attribuait le grade de « suceuse en chef » de la Maison Blanche, et que c'était non pas à trois ou quatre privilégiées, mais à « des centaines de femmes » que Bill Clinton, en Lion superbe et généreux, avait montré au cours des années son crincrin érectile.

Aussitôt, de plusieurs millions de poitrines américaines jaillit ce cri égalitaire : « Et nous alors ! »

On le comprend, si Clinton et Monica s'étaient contentés de faire l'amour dans un lit ou, mieux, s'ils avaient éteint la lumière, ils n'auraient pas eu tous ces ennuis.

Mais la planète du Lion, c'est le soleil – l'obscurité l'angoisse, il lui faut rayonner, quitte à ce que le grand jour où il veut briller précipite sa perte.

Un signe de bonne santé

Si la croix effraie les vampires, l'hôpital épouvante le Lion, qui ne dissimule pas l'antipathie que lui inspire la médecine.

D'où son goût prononcé pour l'automédication.

Le Lion soignerait volontiers la gangrène avec du romarin, la tuberculose avec des Smarties, et il ne se résout à prendre de l'aspirine qu'avec l'huile de l'extrême-onction.

Au final, il s'en sort plutôt bien.

En moyenne, le Lion vit aussi longtemps que les malades professionnels et meurt très souvent guéri.

À noter cependant cette bizarrerie pathogénique qui n'a pas fini de turlupiner la Faculté : lorsque le 24 du mois tombe un lundi, le Lion a cinq fois plus de chances de s'enrhumer que le Poissons ou le Cancer.

Le besoin d'être unique

Magnifique et puissant, loin de fuir les flatteurs, le Lion les sollicite, l'encens le grise, il s'épanouit sous les louanges.

C'est vrai de Napoléon comme de Madonna, de Luis Mariano comme de Laurent Fabius, de Coco Chanel comme de Fidel Castro, pour ne citer que quelques-uns des natifs de ce signe.

Aucun compliment ne lui semble ridicule, aucun éloge excessif. Conséquence : il érige à ses dépens la flagornerie en art et devient à l'occasion la plus docile des créatures.

Vous voulez manœuvrer une armée de Lion ? Surtout ne tentez pas de les mobiliser autour d'un idéal collectif. Au contraire.

Parlez à chacun comme s'il était le seul et dites-lui à l'oreille : « Tu es incomparable ! »

L'instant d'après, en insectes mimétiques, tous marcheront au pas, revêtus du même uniforme, mais armés de la seule conviction qui leur importe : être unique.

D'ailleurs, c'est ce qui se passe quand le Lion lit son horoscope – il pense que c'est pour lui personnellement qu'on l'a écrit.

Névrose d'échec

La supériorité du Lion lui inflige un handicap permanent : il a besoin des autres pour vérifier auprès d'eux qu'il les domine.

L'homme est faible quand il est dépendant, le Lion est dépendant parce qu'il est fort.

Convaincu que sa prééminence n'est jamais acquise, le Lion doit sans cesse monter sur le podium de sa vanité.

A-t-il un courtisan, qu'il lui en faut cent. Enflamme-t-il cent cœurs, qu'il lui en faut mille. Et quand bien même serait-il adulé par un hémisphère entier, que l'autre lui manquerait déjà. Le Lion appartient à cet ordre mendiant qu'aucun don ne comble et qui poursuit sa collecte d'amour jusqu'à épuisement des stocks.

C'est la raison pour laquelle, en politique, il convient de donner tout le pouvoir aux Lion... si l'on veut s'en débarrasser.

En effet, alors que la conquête les aiguillonne, la suprématie les déprime, et arrivés au faîte de la gloire ils n'ont d'autre ambition que de sombrer pour reconquérir les suffrages.

Cette vérité zodiacale est sous-estimée par les observateurs et j'ai toujours regretté pour ma part qu'en 1997, la dissolution de l'Assemblée nationale par un président de la République confortablement élu, disposant d'une majorité large et d'une popularité satisfaisante, n'ait pas été étudiée comme il convient, en mettant en perspective cet acte suicidaire avec le nombre exorbitant de natifs du Lion (plus de trente) appartenant à cette époque à l'entourage présidentiel, à commencer bien sûr par son Premier ministre, Alain Juppé, né un 15 août.

Vivre heureux avec un Lion

Le Lion conçoit la conversation comme un monologue et ne tolère pas les digressions qui rompent l'unité du seul sujet qui l'intéresse : lui-même.

Aussi tient-il à s'assurer, par intervalles réguliers, du sérieux avec lequel l'autre accomplit sa mission de faire-valoir.

Si vous souhaitez vivre longtemps avec un Lion en vous préservant des conflits, il est donc nécessaire d'anticiper sur sa méfiance et de lui confirmer préventivement que tous ses propos égocentriques, redites et ratiocinations incluses, vous passionnent.

J'ai connu une femme qui a réussi à vivre une idylle de plus de soixante ans avec un Lion sans rien laisser paraître de l'agacement que l'infatuation de son conjoint lui inspirait.

Sourires, signes de tête, froncements de sourcils étaient à chaque instant les manifestations hypocrites mais visibles de sa prétendue attention. Quelques grognements empathiques, sonores mais retenus (« mmmmm », « honhon »...), quelques approbations réflexes (« je vois », « ah oui ? »...), dissimulaient au mieux l'étendue de son indifférence, tandis que la technique dite du « retour à l'envoyeur » lui permettait de répondre en pilotage automatique aux éventuelles demandes qu'il formulait, en lui retournant sur-le-champ et dans ses propres termes son message inversé.

C'est ainsi que dans le demi-sommeil où son Lion la plongeait par son bavardage narcissique, à une question du genre « crois-tu que ce soit une bonne idée ? », elle se contentait de marmonner avec conviction « tu me demandes si c'est une bonne idée ? », remarque suffisamment impartiale pour satisfaire son interlocuteur qui, en soixante ans de vie commune, ne lui a jamais laissé la parole que le temps de reprendre sa respiration.

Une chance insolente

Jouer aux cartes avec une Balance, un Scorpion ou un Verseau ? Aucune contre-indication. Mais rivaliser au jeu avec un Lion, c'est de la folie pure. De tous les signes du zodiaque, le Lion est le plus chanceux.

Interdit de casino dans au moins quatre pays (la Corée du Nord, l'Afghanistan, l'Irak et la Belgique), le Lion est capable de gagner en dépit de tous les handicaps.

À ma connaissance, il n'existe qu'un seul jeu où sa bonne fortune ne fait pas d'envieux : la roulette russe.

Pourquoi la maternité chez le Lion tient-elle du miracle ?

La haute estime que le Lion se porte ne le pousse guère à se reproduire.

Le Lion se tient pour un être si parfait qu'il ne voit pas la nécessité de complémenter l'univers d'une naissance supplémentaire. Si cela ne dépendait que de lui, il resterait sans postérité, n'ayant pas de plus beau cadeau à offrir au monde que sa propre existence.

À vrai dire, et même si les natives du Lion font à l'occasion d'excellentes mères poules, ce qu'elles ne supportent pas dans leur progéniture, c'est qu'elle ait souhaité sortir de leur ventre.

C'est pourquoi, depuis la nuit des temps, près de 90 % des Lion poursuivent leur grossesse bien au-delà du terme convenu de neuf mois.

Dans une lettre de 1674, écrite à Mme de Grignan, Mme de Sévigné rapporte le cas d'une femme, née un 9 août, qui refusa d'accoucher pendant vingt-deux ans, prétextant que son petit ne gagnerait rien à quitter la perfection des entrailles de sa mère pour la médiocrité du monde.

Lorsque les sages-femmes finirent par la mettre à la raison, elle enfanta un superbe bébé d'un mètre soixante-dix, pesant 140 livres, qu'elle prénomma Narcisse.

Déchaînement de violences

Fureur cinématographique (Louis de Funès), courroux céleste (l'abbé Pierre) ou irritation froide (Élisabeth Guigou), les colères du Lion sont légendaires.

S'il attaque de face, combat à la loyale, le Lion n'en est pas moins brutal, voire sauvage. Ses adversaires paient le prix de ses emportements, surtout ceux qui tentent de lui ravir son trône, mais aussi bien ses proches qui voient voler les assiettes et claquer les portes.

C'est d'ailleurs l'occasion de remarquer que l'être humain n'est pas le seul à subir les effets du ciel et de ses cycles.

Lorsque la Terre arrive au premier des trois décans du Lion, quelle fureur ne devient pas la sienne !

Qui n'a pas remarqué que c'est en été que se déchaîne sa violence : tremblements de terre, tempêtes, inondations, éruptions volcaniques, avalanches ? Et combien de fois, touristes effrayés, ne nous sommes-nous pas demandé, au Mexique, en Turquie ou en Chine : « Mais pourquoi la nature gâche-t-elle ainsi nos vacances ? »

L'astrologie n'est pas surprise et si les pouvoirs publics la laissaient apporter son aide à « Bison futé », nous éviterions de prendre nos congés entre le 23 juillet et le 22 août.

Questions d'argent

Parce que le Lion aime tout ce qui brille, on le croit dispendieux. Ce n'est pas exact.

Certes, le luxe et l'apparat sont loin de lui être indifférents, mais ce qui l'attire bien davantage c'est le superflu, ce qui ne sert à rien, le produit qu'on a oublié de breveter, l'invention dont le mode d'emploi s'est perdu.

Si le Lion aime l'argent, c'est en fait pour s'offrir ce qui ne peut se monnayer.

Aussi est-il prêt à dépenser une fortune pour ce qui n'a pas de prix et n'existe que dans les rêves : un jardin d'éden, un château en Espagne, un pays de Cocagne, une Europe sociale, un monde plus juste.

Et maintenant ?

Si vous connaissez votre ascendant, reportez-vous aux pages qui le concernent. Mais que vous le connaissiez ou non, lisez en priorité les chapitres écrits sur quatre autres signes : votre signe *inverse* – ses points forts sont vos points faibles, ses points faibles vos points forts ; votre signe *opposé,* c'est-à-dire celui qui fait face au vôtre sur l'axe du zodiaque et dont le symbolisme lui est complémentaire ; et enfin vos deux signes *affinitaires,* dont la sympathie et la complicité vous seront précieuses.

Signe inverse : **le Scorpion.**
Signe opposé : **le Verseau.**
Signes affinitaires : **le Bélier et le Sagittaire.**

VIERGE

23 août – 22 septembre

ÉLÉMENT : **la terre.** PLANÈTE : **Mercure.**
QUALITÉS : **dévouement, tempérance, perfectionnisme.** DÉFAUTS : **timidité, formalisme, malveillance.**
EMPORTERAIT SUR UNE ÎLE DÉSERTE :
un tchador.

LA PEUR DE S'IMPOSER

La timidité de la Vierge est de notoriété publique.

Elle déteste non seulement l'exhibitionnisme, mais tout ce qui peut l'exposer au regard d'autrui.

À l'école, le matin, l'appel est déjà douloureux.

Entendre prononcer son nom est un supplice. On va bientôt lui demander des comptes, l'envoyer au tableau, l'interroger.

La Vierge se sent examinée sous toutes les coutures, jaugée, jugée, soumise à la convoitise publique comme une pièce de viande à l'étal du boucher. Si seulement elle pouvait acheter sa tranquillité en répondant « absente » !

Plus tard, l'envie de s'enfouir sous terre ne la quitte plus.

Elle observe avec une jalousie secrète le monde des infiniment petits, qui disparaissent en un clin d'œil derrière les brins d'herbe et les cailloux.

Ah, renaître dans la peau d'une fourmi, découvrir les charmes de l'anonymat, n'avoir rien d'autre à craindre que les insecticides ! La Vierge accepterait d'aller jusqu'à la souris, mais pas plus gros !

Inutile de lui vanter les délices de la sociabilité, du commerce des intelligences, elle n'ignore rien du monde, elle le connaît mieux que ceux qui en jouissent, mais elle l'aime de loin, en spectatrice retenue et discrète.

En naissant, elle a réservé sa place au dernier balcon du théâtre, sous les cintres, au poulailler.

Voltaire se demande dans son *Dictionnaire philosophique* pourquoi le nom de « paradis » a été donné « au rang des troisièmes loges à la comédie et à l'Opéra ». « Est-ce parce que ces places étant moins chères que les autres, on a cru qu'elles étaient faites pour les pauvres, et qu'on prétend que dans l'autre paradis il y a beaucoup plus de pauvres que de riches ? Est-ce parce que ces loges étant fort hautes, on leur a donné un nom qui signifie aussi le ciel ? »

Non, rien de tout cela. C'est parce qu'il n'y a de bonheur sur terre pour les natifs de la Vierge que loin de la scène où s'entrechoquent les passions.

Leur credo n'est pas : « Plus près de toi, mon Dieu ! » mais : « Plus loin de vous, mes frères ! »

Une modestie de bon aloi

Même si la Vierge est prompte à reconnaître elle-même ses défauts et ses faiblesses, il lui arrive d'accomplir de grandes œuvres, notamment artistiques.

Se pose alors la question de l'honorer publiquement, sans offenser sa modestie et sa réserve.

Une décoration, une statue ? Bien trop voyant. Donner son nom à un lycée ou à une rue ? Allons donc, pourquoi pas à un sous-marin ou à un aéroport !

Reste la solution dite du « soldat inconnu ».

Un lieu de mémoire, austère, d'une pureté transparente, et surtout vierge de toute référence biographique.

Aucun nom, aucune date, juste une inscription en lettres minuscules, à peine visibles : « Ci-gît vraisemblablement quelqu'un, qui a sans doute fait ce qu'il devait faire et pour des raisons qu'on peut supposer bonnes. Passant, dans la mesure du possible, ne l'oublie pas. »

Le sens du devoir

Les natifs de la Vierge ont le sens du devoir et certains, pour la bonne cause, acceptent de se produire en public.

Leur mérite n'en est que plus grand, quand on sait, grâce à l'astrologie, la phobie des projecteurs qu'ils doivent surmonter.

Certains, tel le magicien David Copperfield, disparaissent à la première occasion.

D'autres, comme Michael Jackson ou Mylène Farmer, se montrent, mais dissimulés derrière des masques.

D'autres encore, comme Greta Garbo, ne souffrent sous les *sunlights* que le temps de quelques films mémorables et terminent les cinquante dernières années de leur vie cloîtrés chez eux.

D'autres enfin, comme Claudia Schiffer, Julio Iglesias ou Michel Drucker, contrarient jusqu'au bout leur appétit d'ombre, leur soif de solitude, pour accomplir, loin de la thébaïde à laquelle ils aspirent, les missions publiques que le destin leur a confiées.

Chapeau bas !

Les infortunes de l'amour

Les natifs de la Vierge sont souvent agacés par leur propre tempérance, par leur modération.

Chacun d'eux pourrait démarquer Baudelaire : « Chaste comme le papier, sobre comme l'eau, porté à la dévotion comme une communiante, il ne me déplairait pas de passer pour un débauché, un ivrogne et un impie. »

Mais n'est pas bambocheur et sacrilège qui veut !

Entourée d'un halo d'inhibitions, embourbée dans la bienséance, phagocytée par ses principes, la Vierge avance à pas comptés sur les chemins de l'amour.

Protégeant son corps sous les voiles de la pudeur, elle semble avoir appris par correspondance l'art des baisers et des caresses.

Embrasser l'être aimé en public ? Autant lui demander de se dénuder sur la place de Grève.

Quand elle réussit à murmurer « je t'aime », c'est à l'heure du blaquaoute, protégée par le huis clos d'une chambre isolée, sous une couette et deux coussins.

Partout, dans la nature, on s'accouple. Le jars jargaude, le baudet baudouine, le bélier béline, le coq côche... La Vierge, elle, hésite.

Pensez aux tourments infligés à Casanova par la terrible Charpillon et vous aurez un avant-goût de ce qu'une Vierge inflige à qui la convoite. Car jusqu'au dernier moment, elle se dérobe au désir.

Et alors même que vous la tenez dans vos bras, à l'instant précis où le plaisir parvient à l'orgasme, elle se relève d'un bond et court vérifier que les volets sont clos, la porte fermée et le gaz éteint.

L'aléatoire ne convient pas aux natifs de la Vierge.

Ceux qui ont du vocabulaire reconnaissent sans difficulté redouter les phénomènes stochastiques. Les autres, plus simplement, avouent craindre les entreprises hasardeuses.

Tous rêvent, même s'ils le savent impossible, d'un monde qui serait organisé au millimètre près.

Aussi, assommés d'avance par l'imprévu, ils s'accrochent à leur agenda comme une mousse velouteuse à la pierre et tentent de baliser leur vie jusque dans ses moindres recoins.

J'ai connu un homme d'une cinquantaine d'années, né un 20 septembre, qui poussait le goût de la planification jusqu'à s'imposer une vie mécaniquement réglée.

Pour ne laisser aucune place au hasard, il accomplissait matin et soir ses activités diurnales (se lever, se laver, s'habiller, se nourrir, se coucher...), en suivant un protocole immuable, qu'il avait mis au point le jour de ses vingt ans, puis transcrit dans un grand livre d'Heures qu'il appelait sa Bible.

À l'extérieur de chez lui, ses journées

étaient réglées sur le même papier à musique.

Il descendait à 8 h 57, ouvrait la porte de son immeuble à 8 h 59 et à 9 heures pile, regardant la papeterie qui lui faisait face, puis le trottoir de gauche, puis le trottoir de droite, puis le ciel entre les toits (dans cet ordre, jamais l'inverse), prononçait à voix basse : « Tout ça vaut mieux que d'attraper la scarlatine », phrase dont le contenu étrange n'échappait pas à sa sagacité, mais dont l'énoncé répété six fois avait le mérite de durer exactement le temps qu'il lui fallait pour tourner le coin de la rue.

Travaillant dans un service hospitalier qui n'accueillait que des malades en coma dépassé, il s'occupait ensuite toute la journée de ces patients exemplaires à ses yeux, parce que ne risquant pas de le confronter, par leurs caprices ou leurs foucades, à de l'inattendu.

Et tous les soirs, à vingt heures, il s'asseyait devant son poste de télévision pour regarder le journal de Patrick Poivre d'Arvor, dont il avait appris avec satisfaction qu'il était Vierge comme lui, et donc comme lui heureux de se retrouver depuis plusieurs décennies à la même heure, à la même place, pour s'acquitter du même rituel.

Jean-Jacques Rousseau, dans ses *Confessions*, parle d'« un esprit de détail porté jusqu'à la minutie », qui « partageait et fixait d'avance l'emploi de sa journée par heures, quarts d'heure et minutes, et suivait cette distribution avec un tel scrupule que si l'heure eût sonné tandis qu'il lisait sa phrase, il eût fermé le livre sans achever ».

C'est ce que faisait notre natif de la Vierge, qui éteignait chaque soir sa lampe de chevet à minuit précis et qui, le jour de sa mort, ne dérogea pas à cet usage.

Alors même qu'il allait terminer le dernier chapitre du dernier tome d'une saga sur le Masque de fer qui le passionnait, il trépassa comme prévu au douzième coup de l'horloge, s'interrompant dans sa lecture sur ces mots : « Et je vais enfin te dire qui je suis. Je m'appelle... »

Le goût de l'anticipation

Parents et amis d'un natif de la Vierge, ne craignez pas qu'il oublie le jour de votre naissance ou de votre fête.

Il a la mémoire des dates et aime anticiper l'avenir, ce qui le conduit d'ailleurs à planifier ses achats très à l'avance.

L'ancien Premier ministre Raymond Barre, dont on moquait récemment le costume démodé, expliqua qu'il s'agissait pourtant du cadeau que venait de lui offrir pour ses soixante-quinze ans un membre de sa famille.

Il oublia de préciser que ce parent, natif de la Vierge, avait acheté ledit costume quarante ans plus tôt, pour n'être pas pris de court le jour venu de l'heureux événement.

Propreté, santé et obsession

La Vierge est loyale, elle déteste les tricheurs.

Intégrité, droiture, probité, voilà son catéchisme.

Sa morale élève un tribunal permanent bien plus puissant que celui des lois. « Mains propres, tête haute » – si le slogan n'avait pas été brandi par d'habiles corrupteurs, elle le reprendrait à son compte.

Cette fascination pour la rectitude s'accompagne d'une obsession de la propreté.

L'hygiène l'enivre.

Parlez-lui d'assainissement, de salubrité, de désinfection, jamais vous ne la lasserez.

Dans certains cas, cela va jusqu'à l'envoûtement sanitaire, jusqu'aux troubles obsessionnels compulsifs. La Vierge vit alors le savon à la main, cabotant d'un lavabo à l'autre, se lavant trente, quarante fois par jour.

Dans d'autres cas, hélas, elle rêve de « nettoyer » le monde, d'y passer un « grand coup de balai » et se laisse entraîner par des idéologies totalitaires.

Née sous le signe de la Vierge, un 27 août, Mère Teresa, dont on sait qu'elle opta pour la sainteté, reconnaissait que sa passion pour le bien et la prophylaxie aurait pu l'entraîner plus d'une fois à faire carrière dans la dictature.

L'appétit du médicament

La Vierge voit des microbes partout.

Chaque jour, la somatisation vient au rendez-vous de ses angoisses.

Debout, au premier rang de son panthéon personnel, se tient le pharmacien.

Si elle le pouvait, la Vierge serait médecin et n'aurait qu'un patient : elle-même.

Quand trop d'intelligence nuit

On dit de tout bon raisonnement qu'il offense. Pas la Vierge, qui sait au contraire conduire sa raison.

Le goût prononcé qu'elle manifeste pour la littérature et la philosophie lui permet de se doter très tôt d'une solide armature conceptuelle, qui lui permet de se cantonner dans de passionnantes activités réflexives.

Apollinaire, Hegel, Tolstoï, Chateaubriand, Goethe... On pourrait faire honte aux autres signes rien qu'en citant les noms de tous les géants natifs de la Vierge.

Hélas, pour une Agatha Christie, qui se contenta d'émoustiller ses cellules grises en inventant des criminels de papier, combien nombreux furent ceux qui décidèrent, dans le seul but d'aiguiser leur si belle intelligence, de passer à l'acte !

On dit souvent de la Vierge qu'elle a un sens critique destructeur et qu'elle n'hésite pas à lui sacrifier ses amis – c'est bien pire. Une récente analyse de la Société londonienne pour l'étude des crimes en série a montré que 92 % des *serial killers* sont nés entre le 23 août et le 22 septembre.

Fasciné par le film américain *Seven*, qui mettait en scène un assassin intelligent et cultivé, dont les sept crimes épousaient la logique des sept péchés capitaux, un natif de la Vierge, astrologue lui-même, imagina une première série de dix meurtres fondés sur les Dix Commandements, puis une seconde série de trente, s'inspirant cette fois des Trente Glorieuses, et une troisième enfin, beaucoup plus importante (120 meurtres !), dont il fallait trouver la cohérence en suivant celle des cent vingt journées de Sodome.

Fort heureusement, la police l'arrêta alors qu'il était en train de lire les *Mille et une nuits*.

Soupirante mais consentante

Le gros de la troupe des enfants modèles vient au monde sous le signe de la Vierge.

De ne connaître ni les chambres en désordre ni les jouets cassés, les parents se félicitent, ravis que leur progéniture soit responsable et disciplinée.

Je ne suis pas sûr que cela rende service aux intéressés, à qui l'on devrait apprendre les vertus de la désobéissance et les charmes de l'insubordination.

En grandissant, la Vierge risque en effet d'être soumise.

Attachée aux règlements, respectueuse de l'autorité, n'ayant jamais appris qu'on a toujours raison de se révolter, elle accepte les tâches les plus ingrates, les corvées les plus ennuyeuses, poussant la docilité jusqu'à se féliciter des fardeaux qu'on pose sur ses épaules.

« Il est cruel sans doute d'avoir à peindre une foule de malheurs accablant la femme douce et sensible, qui respecte le mieux la vertu, et d'une autre part l'affluence des prospérités sur ceux qui écrasent ou mortifient cette même femme » écrivait le marquis de Sade, dont il n'est pas nécessaire de lire l'œuvre pour savoir quel signe du zodiaque avait sa préférence, quand il s'agissait pour lui d'établir la liste de ses victimes, « douces et sensibles », soupirantes mais consentantes.

Servir, dit-elle

Chantée pour son dévouement, célébrée pour sa générosité, la Vierge a le sens du sacrifice.

Elle veut servir, et c'est pour cela qu'il faut s'en méfier.

Il y a des pompiers qui allument le feu qu'ils éteignent et des mères qui contaminent l'enfant qu'elles soignent.

Attention aux contrecoups agressifs de la charité, comme disait Lacan, visant par là non l'ingratitude du mendiant, mais le ressentiment du bienfaiteur.

Oui, gardez-vous comme de la peste de la Vierge qui dort – elle veut votre bien.

Et maintenant ?

Si vous connaissez votre ascendant, reportez-vous aux pages qui le concernent.

Mais que vous le connaissiez ou non, lisez en priorité les chapitres écrits sur quatre autres signes : votre signe *inverse* – ses points forts sont vos points faibles, ses points faibles vos points forts ; votre signe *opposé*, c'est-à-dire celui qui fait face au vôtre sur l'axe du zodiaque et dont le symbolisme lui est complémentaire ; et enfin vos deux signes *affinitaires*, dont la sympathie et la complicité vous seront précieuses.

SIGNE INVERSE : **la Balance.**
SIGNE OPPOSÉ : **le Poissons.**
SIGNES AFFINITAIRES : **le Capricorne et le Taureau.**

Balance

23 septembre – 22 octobre

Élément : **l'air.** Planète : **Vénus.**
Qualités : **diplomatie, sens de la justice, amour de la beauté.** Défauts : **indécision, lâcheté, mondanité.**
Emporterait sur une île déserte :
la photo du Quai d'Orsay.

Loin des consensus mous

Les natifs de la Balance sont des girouettes, voilà ce qu'on lit un peu partout, et sous la plume des astrologues les plus reconnus.

Prenons un peu de hauteur.

Pour comprendre les Balance, il faut partir de l'équinoxe, cette période de l'année bien précise où, le soleil passant par l'équateur, le jour a une durée égale à celle de la nuit, d'un cercle polaire à l'autre.

La Balance connaît ce pur moment de bonheur le 23 septembre. S'ensuit son identification majeure : l'équidistance.

La Balance est en effet un être médian. Un être équinoxial, comme on le dit en botanique d'une fleur qui reste chaque jour ouverte puis fermée pendant le même nombre d'heures.

Ses proches s'en agacent, lui faisant grief de sa versatilité : « Un jour blanc, un jour noir – avec toi, aucun point n'est final. Ce que tu dis, tu t'en dédis toi-même, comme s'il n'y avait pas d'avis motivé que tu ne sois en mesure de désavouer dans les heures qui suivent. Pourquoi l'opinion que tu exprimes aujourd'hui aurait-elle plus de poids que celle partagée hier ? Ta pensée est toujours sursitaire. »

Quelle ingratitude !

Loin d'errer à la merci de sa propre inconstance, comme Racine le disait de l'impie dans *Esther*, la Balance ne représente-t-elle pas plutôt une chance pour le lien social ? La garantie de ne pas tomber dans le piège des consensus mous, dont on sait qu'en assoupissant l'esprit critique, ils deviennent vite l'ennemi de la démocratie ?

Exprimez devant une Balance votre opinion. Elle commencera par formuler l'opinion contraire, histoire d'élargir le champ des possibles, puis vous proposera aussitôt l'opinion contraire de l'opinion contraire, qui très curieusement ne ressemblera en rien à votre propre opinion.

La suite dépend de votre patience.

J'ai personnellement entendu Yves Montand, né un 13 octobre, formuler en une petite demi-heure trente-quatre avis différents sur le capitalisme, dont trois supposaient le rattachement de la France à la Pologne, et deux que Napoléon fût une femme.

Des risques de l'indécision

Il est des circonstances où l'on peut à juste titre critiquer les faux-fuyants de la Balance, son indécision viscérale.

Dans une étude sur la France de Vichy, publiée par le Laboratoire de lexicologie politique de l'École normale supérieure de Saint-Cloud, on lit que 94 % des natifs de la Balance ont hésité à choisir leur camp jusqu'en juin 1944, trouvant tour à tour des mérites à la Résistance et à la collaboration, ce qui ne constitue pas un modèle de civisme républicain.

Et même si l'occupation de notre pays par les troupes allemandes reste par chance un phénomène marginal, il est difficile de prétendre, avec l'ancien ministre Charles Millon, qui fut l'allié du Front national en Rhône-Alpes, que les tergiversations vert-de-gris de la Balance favorisent le débat des idées.

Une politesse énigmatique

Un peu de yin, un peu de yang. Un peu de froid, un peu de chaud. Un peu d'eau, un peu de feu.

Lao-Tseu ou Confucius ne sont jamais loin des Balance.

Mais plus qu'à la philosophie chinoise, c'est à la langue japonaise que les natifs de ce signe renvoient, à ce système discursif complexe, capable d'exprimer les relations de politesse avec une finesse unique au monde.

Demandez à un Japonais si la direction de Tokyo est bien celle que vous imaginez en lui montrant avec votre main un chemin erroné.

Il vous dira oui et surtout pas non, trop soucieux de ne pas vous blesser par l'usage brutal d'un adverbe de négation.

Attendez ! Ne partez pas !

Quelques instants plus tard, avec tout le respect qu'il doit à une personne de votre qualité, il se permettra modestement de compléter sa réponse, en vous précisant qu'il n'est pas non plus inenvisageable de se rendre à Tokyo en prenant le chemin inverse et que, tout compte fait, il est même possible que cela soit préférable, pour peu que vous ne souhaitiez pas passer la nuit en rase campagne, au milieu des animaux sauvages, êtres au demeurant sympathiques et dont il ne se permettrait pas de vous décommander la compagnie, mais qui pourraient fort bien ne faire qu'une bouchée de votre si précieuse enveloppe charnelle.

La Balance, c'est pareil.

Elle ne dit jamais non, par peur de vous contrarier, mais elle n'en pense pas moins.

Ne la prenez donc pas au mot, soyez patient – ce que vous ne comprenez pas finira par devenir intelligible avec le temps.

Comme pour les secrets d'État, il y a avec les natifs de ce signe une période de latence, qui va de quelques heures

(Bruno Masure) à quelques années (Jean Lefebvre).

La Balance et ses fantômes

La Balance déteste les ruptures et, lorsqu'elles finissent par s'imposer, essaie coûte que coûte de ne pas rompre tous les ponts.

Quand on vit avec un natif de ce signe, il faut se préparer à vivre également avec ses ex-compagnons ou compagnes.

C'est ce qui explique la méfiance de certains à l'égard du secrétaire général du Parti communiste, Robert Hue (né un 19 octobre).

Chaque fois que le parquet craque, ils craignent de voir réapparaître Joseph Staline.

L'art de la diplomatie

La Balance a du tact, du doigté.

Dans les chancelleries, on s'arrache ses talents.

Nul mieux qu'elle ne sait discuter, négocier, composer.

Parfois, comme dans le cas de Vladimir

Poutine, son sens de la diplomatie n'est pas immédiatement perceptible, mais combien de pays seraient encore en guerre, combien de communautés ou de familles déchirées, si une Balance n'avait pas dit un jour : « Asseyons-nous et parlons. »

Et la Corse ? me rétorquerez-vous.

Je regrette moi aussi que la paix civile n'y ait pas encore été rétablie. Mais c'est pour un simple malentendu linguistique.

Plusieurs fois, d'excellents négociateurs ont été envoyés sur l'île par le pouvoir central. Hélas, ils ont tous été assassinés.

Car sur cette terre attachée à la loi du silence, personne n'a jamais pris la peine d'expliquer aux insulaires que le mot « Balance » a plusieurs sens.

Langue de velours

La Balance n'est jamais vulgaire.

Les charretiers, aux jurements sonores, se recrutent parmi tous les signes du zodiaque, mais pas chez les Balance.

Avec elles, autant bannir tout écart de langage. C'est tout juste si elles supportent les erreurs de syntaxe et les pataquès !

Seule exception notoire : Brigitte Bardot, née un 28 septembre.

Plusieurs fois poursuivie pour incitation à la haine raciale, cette ancienne reine de beauté ne tient aucun compte de ce que dit l'astrologie, en démentant par son acrimonie et son fiel la délicatesse naturelle des natifs de ce signe.

Vénus elle-même en reste coite.

Le sens de la justice

La Balance aime la justice.

Son sens de l'équilibre, sa faculté d'écoute, son esprit de conciliation, sont autant de vertus dont on ne peut que la féliciter.

Mais faut-il pour autant l'encourager dans cette voie ?

Fasciné par la reproduction du *Jugement de Salomon*, peint par Nicolas Poussin, que sa mère avait découpée dans un magazine, le petit Joseph Désiré, qui était né un 14 octobre, fut convaincu d'avoir trouvé sa vocation le jour où il découvrit au cinéma, à l'âge de six ans, *Le Signe de Zorro*.

Jurant de vouer sa vie à défendre la veuve et l'orphelin, il s'aperçut le soir même, en rentrant chez lui, que le petit village où il habitait, Lisala, situé sur la courbe du fleuve Congo, ne comptait qu'un voleur repenti et aucun assassin. Pas la moindre veuve! Pas le moindre orphelin!

Il frappa la voûte du ciel de ses poings fermés, mais son destin n'en était pas moins scellé par la course des planètes.

Quelques années plus tard, le petit Joseph Désiré devint sous le nom de Mobutu l'un des plus sanguinaires dictateurs africains, et quand il mourut avec le siècle, aux quatre coins de son vaste pays, il y avait d'immenses colonnes de veuves et d'orphelins, qui louaient le ciel de si bien gouverner les Balance.

Le beau comme idéal

Écrivains, peintres, poètes, philosophes, musiciens... Ayez la curiosité de regarder un jour la liste des génies qui sont nés sous le signe de la Balance.

De Cervantès à Nietzsche, de Diderot à Faulkner, de Puccini à Lennon, de Marielle Goitschel à Jean Amadou, vous ne saurez plus où donner de la tête.

La Balance est un signe délicat, dont les natifs adorent la beauté.

Leur royaume est celui de la création, de la sensibilité et du raffinement.

On les accuse d'être mondains. Là encore, c'est un malentendu. Leur monde intérieur est si riche qu'ils ne peuvent se déplacer que dans la subtilité et le luxe.

Des parfums capiteux, des fleurs exotiques, quelques tableaux de maître, deux ou trois tapis d'Orient, un guéridon Louis XVI, du marbre de Carrare : l'appartement-témoin des Balance n'est pas cossu, juste douillet. Le beau, hélas, est à ce prix.

Aussi, les organismes qui s'occupent en France de l'aide sociale le savent : ce serait une faute de goût que de proposer à un chômeur de longue durée né entre le 23 septembre et le 22 octobre un revenu minimum d'insertion inférieur à seize fois le montant du SMIC.

La religion du dieu plaisir

Les animaux sexués comme les êtres parlants se reproduisent, mais seuls les êtres parlants érotisent leur activité sexuelle. Question sensualité, les natifs de la Balance sont les plus doués de tous.

Moins attirées par la reproduction que par la volupté, les femmes sont meilleures amantes qu'épouses et meilleures épouses que mères. Les hommes se laissent bercer par le désir, quel que soit leur âge ou leur état civil, laissant leur cœur adolescent se gonfler sous les effluves amoureux.

Le pouvoir de séduction de la Balance, qui va jusqu'à l'ensorcellement, fait bien des jaloux, et il n'est pas rare de voir des blancs-becs, capables de mener en parallèle une flopée d'aventures, en remontrer à de vieux briscards.

La pierre philosophale transmuait les métaux en or, la Balance convertit le conventionnel en exception.

Une sieste, une danse, un dîner, mais aussi bien une opération boursière ou un licenciement, avec une Balance tout peut se transformer en un moment lascif et caressant.

Enfant, le Mahatma Gandhi, qui était né un 2 octobre, n'avait pas le droit de s'approcher des parias qui venaient travailler dans sa maison. Les frôlait-il qu'on l'obligeait à toucher aussitôt un musulman ou à faire des ablutions. Avec une franchise qui honore cette grande âme, il raconta un jour le plaisir sybaritique qu'il réussit néanmoins à soutirer dans ce contexte d'oppression et de discrimination : « Comme je n'admettais pas ces interdictions, je passais mon temps, rouge comme le feu de la honte, à toucher les intouchables en secret. C'était comme l'initiation au monde, l'accès à des plaisirs défendus et j'éprouvais chaque fois un sentiment proche de celui que décrit Flaubert, quand il dit de Mme Bovary que, défaillante, tout en pleurs, avec un long frémissement et se cachant la figure, elle s'abandonnait. »

Un pacifisme intéressé

Non-violente, pacifiste, lorsqu'il arrive à la Balance d'en vouloir à l'un de ses semblables, elle ne nourrit pas longtemps en son sein la rancune.

Aragon, qui était né un 3 octobre, l'écrit joliment dans *Le Roman inachevé* : « Tout orage a son temps toute haine s'éteint / Le ciel toujours redevient pur / Toute nuit fait place au matin. »

La vérité est plus prosaïque.

Détester, haïr demande beaucoup d'efforts, une tension de chaque instant, or ce que la Balance préfère avant tout, c'est préserver sa tranquillité.

Elle aspire à la quiétude, à la paix du ménage. Être peinard, l'expression est familière, mais il n'en est pas de plus appropriée.

Admiratrice de la neutralité suisse, ce n'est pas la guerre qu'elle déteste, c'est le risque de devoir elle-même y prendre part.

Abstention est son maître mot.

Descartes était Bélier. Balance, il aurait réécrit son cogito : « Je pense, donc je fuis. »

Une distraction coûteuse

Comment caractériser l'intérêt que la Balance porte à l'argent ? Par l'adjectif « distrait ».

La Balance, on l'a vu, est loin de mépriser les biens matériels, mais loin aussi de sacrifier au dieu argent, qu'elle aurait plutôt tendance à considérer comme une divinité secondaire, comme un ange de troisième ordre.

Elle regarde avec d'autant plus d'amusement ceux qui dissimulent leur magot sous les lits qu'elle n'aurait pas elle-même l'idée de thésauriser.

À vrai dire, elle n'aime guère se préoccuper de la finance et reprendrait volontiers à son compte la formule : « L'intendance suivra. »

Incapable de harceler ses débiteurs, peu douée pour réclamer son dû, la Balance est souvent la proie des profiteurs qui abusent de son manque de pugnacité.

Comme l'un de ses visiteurs demandait à François Mitterrand s'il pouvait lui emprunter un livre, celui-ci répondit qu'il n'avait pas confiance et n'en prêtait jamais.

Il désigna les rayonnages de son immense bibliothèque sur lesquels s'empilaient des centaines d'ouvrages : « Ce sont tous des livres que j'ai moi-même empruntés... et jamais rendus à mes amis Balance qui n'osent pas me les réclamer. »

Je laisse bien sûr le lecteur se poser la question de savoir s'il est légitime, dans ces conditions, d'avoir donné à la Bibliothèque nationale de France le nom de l'ancien président.

ET MAINTENANT ?

Si vous connaissez votre ascendant, reportez-vous aux pages qui le concernent.

Mais que vous le connaissiez ou non, lisez en priorité les chapitres écrits sur quatre autres signes : votre signe *inverse* – ses points forts sont vos points faibles, ses points faibles vos points forts ; votre signe *opposé*, c'est-à-dire celui qui fait face au vôtre sur l'axe du zodiaque et dont le symbolisme lui est complémentaire ; et enfin vos deux signes *affinitaires*, dont la sympathie et la complicité vous seront précieuses.

Signe inverse : **la Vierge.**
Signe opposé : **le Bélier.**
Signes affinitaires : **le Gémeaux et le Verseau.**

Scorpion

23 octobre – 21 novembre

Élément : **l'eau.** Planète : **Pluton.**
Qualités : **intransigeance, perspicacité, fermeté.** Défauts : **prétention, perversité, occultisme.**
Emporterait sur une île déserte : **un attirail de sorcier vaudou.**

Une amitié encombrante

Cruel pour ses ennemis, le Scorpion est bienveillant et loyal avec ses amis. Encore faut-il pouvoir supporter le poids de son affection.

Car l'amitié dont il est capable et qu'il exige des autres n'est pas une camaraderie de régiment, un attachement de circonstance, une vague sympathie qu'on témoigne à ceux qu'on a à la bonne.

C'est un don de soi, une fusion des consciences et des cœurs.

« Nos âmes se mêlent et se confondent l'une en l'autre d'un mélange si universel qu'elles effacent la couture qui les a jointes » disait Montaigne de l'amitié qui l'unissait à La Boétie, Scorpion possessif et omniprésent qui l'accablait de sa sollicitude.

La Boétie, rendu célèbre par un pamphlet sur la servitude volontaire, s'amusait à soumettre l'amitié de Montaigne aux pires épreuves.

Le réveillant brusquement en plein sommeil, il lui disait d'un ton suave : « Tu peux dormir tranquille, je suis ton ami. » Puis le laissant s'endormir de nouveau, quelques instants plus tard, il l'aspergeait d'eau froide, lui soufflait au visage une haleine vineuse, l'étouffait sous un oreiller, lui charcutait le ventre avec un couteau : « Tu vois, même ces espiègleries ne sont pas de taille à nous fâcher l'un avec l'autre. »

Un jour, au parlement de Bordeaux, alors que Montaigne commençait à lire une importante communication, La Boétie fit irruption devant l'assemblée tel un forçat évadé du bagne, en poussant devant lui une lourde malle.

« Voilà » dit simplement La Boétie à Montaigne, en désignant du doigt la malle soigneusement cadenassée.

« Ami, pourquoi apportes-tu ici ce bagage ? » demanda Montaigne surpris, mais néanmoins cordial, tandis que deux cents paires d'yeux scrutaient la scène.

Une immense déception se lut alors sur le visage de La Boétie : « Tu vois, Michel, nous n'avons pas la même conception de l'amitié. Un véritable ami, lui, m'aurait demandé : où veux-tu que je cache le corps ? »

De la ruse considérée comme un art

De la ruse, Lautréamont disait que c'est « le plus bel instrument des hommes de génie ». En tout cas, c'est l'arme la plus acérée du Scorpion.

Il est naturellement artificieux. Il ne peut rien faire ni dire qui ne soit retors.

Parfois, son apparence le trahit.

Un visage de fouine, qui s'amincit en triangle jusqu'au menton, une moustache effilée, une barbichette noire, le voilà semblable au shérif de Nottingham dont nous savons, grâce à Robin des Bois, repérer la fourberie au premier coup d'œil.

Parfois, au contraire, sa bonhomie rayonne. Un crâne dégarni, un embonpoint rassurant, on pense de lui qu'il ne ferait pas de mal à une mouche, et lui, protégé par cette physionomie trompeuse, vous soumet à son caprice, mais avec l'air ingénu d'un pêcheur à la ligne.

Dès 1905, Léon Trotski remarquait dans la *Russkaja Gazeta* que la plupart de ceux qui complotaient dans les rangs révolutionnaires pour renverser le pouvoir tsariste étaient nés, comme lui, entre le 23 octobre et le 21 novembre, et cinquante ans plus tard, l'une des rares statistiques fiables dont nous disposons sur les services secrets soviétiques montre que leurs rangs comptaient alors pas moins de 90 % de Scorpion.

Le Scorpion a-t-il un sixième sens ?

Le Scorpion affectionne les mystères.

Il aime déambuler dans les châteaux, se faufiler entre les tombes des cimetières.

Il hante les églises moins par sens du sacré que par goût de l'intangible.

Même quand il ne croit à rien, il est mystique.

Devant l'insolite, il se vit non comme un intrus, mais comme un complice. Il répondrait aux fantômes s'ils s'adressaient à lui.

Quand il se retrouve seul dans une vaste enceinte, il sent les murs le regarder, le silence l'écouter, et même si la crainte se mêle au respect, c'est la jouissance qui domine.

A-t-il un sixième sens ? Peut-être.

Il y a en tout cas chez lui cette part de superstition qu'évoque Julien Green et qui le porte « à reconnaître dans le son banal d'une clochette de cuivre quelque chose d'aussi mystérieux qu'un appel du destin ».

Cela ne simplifie pas la vie de ses proches.

Les voilà qui s'interrogent. Le dos tourné, prépare-t-il une tisane ou un philtre ? Est-ce un crayon qu'il sort de sa poche ou une amulette ? Et en se trémoussant en rythme, se livre-t-il aux plaisirs de la danse ou à une cérémonie vaudou ?

Il faudrait ouvrir ses tiroirs, fouiller son âme. Bien peu l'osent, préférant à leur tour faire quelques diableries pour maintenir en éveil sa curiosité.

Mais question énigme, il a toujours une longueur d'avance.

J'ai connu un Scorpion qui, chaque soir, proposait à ses enfants un rébus et n'acceptait de les nourrir qu'une fois la réponse donnée.

Sur les huit bambins, sept moururent de faim avant l'âge de dix ans.

Pour conjurer le mauvais œil, il se débarrassa du huitième en le clouant sur sa porte telle une chauve-souris, puis, n'ayant plus personne avec qui jouer aux devinettes, il se dénonça lui-même à la police dans une lettre écrite sous forme de charade.

Omniscience

Le principal mérite du Scorpion, c'est sa clairvoyance. Il sait tout de vous avant même que vous ayez ouvert la bouche.

Il ne procède pas comme Sherlock Holmes, quand il s'amuse à épater Watson. Il ne sort pas de loupe, il n'examine pas les traces de poussière, il ne recueille pas les indices.

Pas davantage il ne joue au psychanalyste, qui laisse son attention flotter pour entendre entre les mots ce qui se dit à mi-voix.

Le Scorpion va droit au cœur de l'être et s'en empare.

Quelques années après sa mort, une astrologue de renom se vanta d'avoir conseillé François Mitterrand. Ses proches s'indignèrent à juste titre.

Pourquoi diable l'ancien président de la République, qui avait pris la peine de naître un 26 octobre dans le seul but d'être Scorpion, aurait-il consulté les augures ?

Qui peut prétendre que l'homme qui avait anticipé de plusieurs années sur l'indépendance de l'Algérie ou sur la réunification de l'Allemagne, qui avait décelé avant tous les autres le talent littéraire de Jean-Édern Hallier et l'altruisme de Robert Hersant, aurait eu besoin du trépied d'une pythie ?

Non, la puissance de vision fait le Scorpion comme l'habit le moine.

Fi des boules de cristal ou du marc de café !

Pour être tout à fait honnête, il faut reconnaître qu'il y a quelques contre-exemples.

Mais découvrir en 1943 le Statut des juifs promulgué en 1940 et ne s'apercevoir qu'à la fin de sa vie qu'amitié ne peut rimer avec Bousquet, est-ce qu'on croit sérieusement que cela suffit à faire douter de la légendaire perspicacité du Scorpion ?

La sexualité du Scorpion a deux caractéristiques : elle est précoce et guerrière.

Dès les premiers temps de la vie, alors que l'univers de ses petits camarades est encore saturé de sucres d'orge et de roudoudous, lui peuple déjà sa solitude de fantasmes propres à enflammer un bataillon de parachutistes.

Bien avant la puberté, il sent monter en lui des profondeurs de son corps une sève généreuse qui le tourmente et l'aiguillonne.

Quand arrive le printemps, il est fin prêt.

Il erre délicieusement hagard à la recherche du plaisir, la volupté fait bégayer son âme, il chavire sur les eaux démontées du désir, et à l'heure des premiers baisers de l'adolescence, son pucelage court dans les champs depuis bien longtemps.

Le Scorpion est-il débauché ? Oui. Il a ce tic de langage que se partagent les êtres dissolus et que relève Musset dans la *Confession d'un enfant du siècle* – il ne dit jamais de celui ou celle qui a partagé sa couche « je l'ai aimé », mais « je l'ai eu ».

Henry Havelock Ellis, le père de l'ethnologie sexuelle, a écrit à la fin du XIXe siècle un édifiant ouvrage sur le Scorpion dans ses rapports avec l'autre sexe. Il y démontre sa conception belliciste de l'amour : son lit est une arène, un champ de bataille, on en sort vainqueur ou vaincu.

Cela dit, chacun est libre de partager les ébats d'un Scorpion. Il faut simplement apprécier les embuscades, les offensives, les contre-attaques, les sièges, les bombardements, les volte-face, passer sans trêve de l'amour à la colère, de la colère à l'indifférence, de l'indifférence à la haine, et n'escompter aucun armistice jusqu'à l'issue finale.

Voilà bien le Scorpion, qui n'en est pas à une contradiction près ! Sans répit, il souffle le chaud et le froid, mais vomit les tièdes.

Triomphe du narcissisme

Le Scorpion se tient pour un être exceptionnel.

Personne ne lui est supérieur.

Aussi préférerait-il, comme César, être premier dans son village que second à Rome.

Enfin, tout bien réfléchi, il préférerait quand même être premier à Rome.

Perversité et jouissance

Le sujet fâche, je le comprends, mais je ne peux éviter de l'aborder. Le Scorpion est plus que tortueux, il est pervers.

Le pervers jouit contre vents et marées. Rien ne l'arrête, il connaît sa cible, il la vise.

Sadique ? Voyeuriste ? Incendiaire ? Nécrophile ? Peu importe la voie choisie, il réussit toujours à soutirer son petit bénéf.

Et ne l'imaginez pas seulement sous les traits d'un maître. Même dominé, même asservi, il s'en sort, semblable au masochiste qui abandonne toute prétention, sans renoncer pour autant à jouir.

Giflez un Scorpion, enchaînez-le, n'ayez à son égard aucune tendresse, aucune pitié. C'est encore lui qui tirera son épingle du jeu.

À la fin de l'épreuve, comme Cyrano de Bergerac à Roxane, qui s'accusait d'avoir fait son malheur, vous l'entendrez ricaner : « Merci, c'est ce que je voulais. »

Regardez un Scorpion dans les yeux.

Essayez de fixer son regard qui court comme un chat sur la braise.

Si vous y parvenez, un frisson d'effroi vous empoignera au creux des reins.

Ceux qui ont connu Dostoïevski (né un 11 novembre), ceux qui ont approché Coluche (né un 28 octobre), parlent tous de cette prunelle noire qui les épinglait comme un papillon sur une plaque de liège.

Étrange charisme dont les natifs de ce signe usèrent pour le meilleur (Claude Monet, Petula Clark, Pierre Tchernia), ou pour le pire (Goebbels, Jean-Pierre Soisson, Jacques Faizant), mais qui prouve dans tous les cas que cette influence pénétrante et dominatrice, dont la substance échappe à la raison et qu'on appelle le magnétisme, est une réalité.

Même s'il ne connaît rien à l'hypnose, le Scorpion a un pouvoir hypnotique.

Comment expliquer sinon qu'Alfred Nobel (né un 31 octobre), dont les usines, dispersées à travers tous les continents, ont produit des centaines de milliers de tonnes de dynamite et de plastic, ait réussi à faire oublier qui il était, en donnant son nom au plus prestigieux des prix qui récompensent les défenseurs de la paix.

Derrière le masque

Peu versé dans la distribution des caresses, le Scorpion passe pour cassant, autoritaire, voire despotique.

N'exagérons pas.

Même s'il affectionne d'utiliser le nous de majesté ou, comme Alain Delon (né un 8 novembre), la troisième personne de suffisance, je dirai que le Scorpion est plus impérieux que tyrannique, plus caustique qu'agressif, plus réservé qu'insensible, et que derrière sa rigidité de façade se cache la sensibilité exacerbée d'une rosière.

Le général de Gaulle, par exemple, impressionnait par sa raideur toute militaire.

Mitraillé dans sa voiture par les factieux du Petit-Clamart, ce courageux Scorpion refusa de baisser la tête pour se protéger des balles, exactement comme il avait refusé de le faire à la Libération de Paris, devant les *snipers* qui canardaient la foule sur le parvis de Notre-Dame. La France, à laquelle il s'identifiait, ne se couche pas, même sous le feu de l'ennemi.

Mais Alain Peyreffite, qui a bien connu le Général, raconte que c'est ce même Monsieur la Froideur qui, passionné par les jeux télévisés d'Intervilles, s'effondrait en larmes sur la moquette de sa chambre, chaque fois que l'équipe chère à son cœur perdait un point.

Histoires d'argent

Entre le Scorpion et l'argent, le courant passe.

Aucun des deux ne doute de l'affection que l'autre lui porte.

De l'argent, le Scorpion en veut, beaucoup de préférence, l'aimant plus que réputation, honneur et vertu. Et l'argent, flatté qu'on ne le méprise point, ne boude pas son escarcelle.

Avec le Scorpion, l'argent ne rouille pas dans les coffres : il circule pour les besoins de sa cause, lui apportant pouvoir et entregent. Le risque, on le pressent, est la malhonnêteté.

Pour un Albert Camus ou un Bernard Kouchner, combien de flambeurs et d'aigrefins ?

Le trafic de la Légion d'honneur, le scandale de Panama ou celui des piastres, l'affaire des avions renifleurs, des abattoirs de la Villette ou de la Garantie foncière, les scandales Urba ou Elf...

Les jeunes générations n'ont pas en mémoire l'indignation que chacune de ces filouteries souleva dans le pays. Ce qu'elles savent encore moins, c'est le nombre de Scorpion chaque fois compromis.

L'un d'entre eux promettait à toute femme enceinte qui lui remettrait mille francs de lui dévoiler le sexe de son futur enfant. « Si je me trompe, je vous rembourserai sur-le-champ », lui promettait-il en prédisant systématiquement une fille, mais en écrivant l'inverse sur une feuille qu'il glissait dans une enveloppe, avant de la cacheter sous les yeux de la dupe « pour que nulle contestation ne soit possible ».

Le jour venu de la naissance, celles qui accouchaient d'une fille se félicitaient bien sûr d'avoir déboursé une somme aussi faible pour une aussi exacte prédiction.

Quant aux autres, qui venaient réclamer le remboursement dû, l'escroc se contentait d'ouvrir devant elles l'enveloppe qui faisait foi et de leur montrer que le mot « garçon » y était bien écrit :

« Si désireuse d'avoir une fille, leur expliquait-il alors, vous m'avez sans doute mal compris. » Et là encore, il gardait l'argent.

Une résistance à toute épreuve

Avec le Taureau, le Scorpion est le plus résistant des signes du zodiaque.

Dire de lui, comme le font certains astrologues, qu'il est increvable est néanmoins excessif.

Il est parfois fatigué, malade et, même s'il ne s'en aperçoit que quelques jours après son enterrement, il lui arrive de mourir.

Et maintenant ?

Si vous connaissez votre ascendant, reportez-vous aux pages qui le concernent.

Mais que vous le connaissiez ou non, lisez en priorité les chapitres écrits sur quatre autres signes : votre signe *inverse* – ses points forts sont vos points faibles, ses points faibles vos points forts ; votre signe *opposé*, c'est-à-dire celui qui fait face au vôtre sur l'axe du zodiaque et dont le symbolisme lui est complémentaire ; et enfin vos deux signes *affinitaires*, dont la sympathie et la complicité vous seront précieuses.

SIGNE INVERSE : **le Lion.**
SIGNE OPPOSÉ : **le Taureau.**
SIGNES AFFINITAIRES : **le Cancer et le Poissons.**

Sagittaire

22 novembre – 20 décembre

Élément : **le feu.** Planète : **Jupiter.**
Qualités : **indépendance, optimisme, cordialité.** Défauts : **nomadisme, manque de discernement, démesure.**
Emporterait sur une île déserte :
les horaires de la SNCF.

Généalogie du Sagittaire

Sexuellement parlant, le Sagittaire a un défaut : une fois sur deux, il se trompe de partenaire.

Malédiction ? Non, hérédité. Et hérédité lourde.

À l'origine de cette étrange confusion se situe le nommé Ixion, fils de Phlégyas, roi des Lapithes.

C'est l'ancêtre des Sagittaire, celui qui a

fait souche. Sa mésaventure handicape sa lignée jusqu'à nos jours.

Jeune homme sans foi ni loi, il avait tenté de séduire Héra, l'épouse de Zeus, son bienfaiteur. Mais Zeus, perçant à jour ses desseins, lui tendit un piège : il donna à un nuage l'apparence de sa femme. Et Ixion, bien trop ivre pour s'apercevoir de la supercherie, passa la nuit avec cette nuée, à qui il fit l'amour comme si de rien n'était.

De cette copulation nébuleuse naquit un enfant, le petit Centauros qui, devenu homme à son tour, ne trouva rien de mieux à faire qu'engrosser quelques juments, qui engendrèrent à leur tour les fameux Centaures.

C'est ce qui explique pourquoi, dans la série des signes du zodiaque, les Sagittaire sont représentés sous les traits de cet être fabuleux – la tête, le buste et les bras appartenant à la morphologie humaine, le reste du corps relevant d'un *look* plus chevalin.

Ce désastreux mariage entre ce qu'il y a de plus raisonnable chez l'homme (le haut) et ce qu'il y a de plus inconvenant chez l'animal (le bas) devrait inciter les Sagittaire à la prudence.

Hélas, loin de résister à l'appel de la

chair, ils s'empressent d'imiter leur aïeul en s'accouplant à l'aveuglette, comme si continuait à s'exercer sur le plasma germinatif dont ils sont les détenteurs l'influence lointaine et mystérieuse d'Ixion.

Je ne sais si l'érudition sera un jour plus forte que l'hérédité, mais peut-être est-il utile d'apprendre aux Sagittaire le prix qu'Ixion paya à l'époque pour sa mésalliance.

Fouetté jusqu'au sang, décapité, émasculé, écartelé, attaché à un arbre et rôti, il servit au final de repas à ses propres parents, jurant, mais un peu tard qu'on ne l'y prendrait plus.

L'appel du large

Le Sagittaire est l'ami du grand air.

Tout ce qui se ferme l'étouffe.

S'il le pouvait, il passerait sa vie dehors et loin.

Observez un groupe de nourrissons dans une crèche. Ça pleure, ça crie, ça gesticule. Ici, c'est un biberon trop chaud, là une couche mal posée – les sujets de mécontentement ne manquent pas. Mais personne ne semble souffrir du berceau lui-même, de cette prison ajourée dans laquelle les grandes personnes enferment leur progéniture comme lionceaux en cage.

Personne, sauf quelques marmots, griffant le bois de leurs barreaux et protestant contre cette réclusion pouponnière avec la fureur de l'innocent embastillé.

Approchez-vous de ces insoumis, regardez le jour et le mois de leur naissance, votre religion sera faite : ce sont des Sagittaire, le large les appelle, ils ne marchent pas encore que déjà ils volent.

Dans quelques années, ils troqueront leur ours en peluche contre une mappemonde et vous interrogeront sur Christophe Colomb ou Livingstone.

Les uns embrasseront la vie de conquistador, de mercenaire. Les autres la carrière de reporter, d'aviateur, de marin. Tous seront aventuriers dans l'âme, préférant la pampa au métro, le crocodile au caniche, le cruzeiro au franc.

Même les Sagittaire qui ne quitteront le VIIe arrondissement de Paris que pour les rives d'Arcachon seront nomades.

Leur bout du monde n'aura pas le parfum de Bombay ou de Caracas, mais – magie suggestive de ces migrateurs nés – la soirée diapos à laquelle vous n'échapperez pas vous donnera tout autant l'impression d'un dépaysement extrême.

Ni Dieu ni maître

Le Sagittaire est un franc-tireur, un maquisard du lien social.

La tête au-dessus des nuages, le cœur aux abonnés absents, il vit comme d'autres travaillent : en *free-lance*.

Si vous en aimez un au point de vouloir convoler avec lui, faites-le, mais à une condition : n'entravez jamais sa liberté.

Si vous l'invitez à dîner, placez-le en bout de table, afin qu'au premier signe de lassitude il s'éclipse en toute facilité.

Au cinéma ou au théâtre, agissez de même – assis au milieu d'une rangée, il panique.

Partout où il arrive, il faut qu'il puisse être déjà parti. « Escampette » est le mot de la langue française qu'il préfère.

Il veut aller ici, qu'il y aille ! Passer par là, grand bien lui fasse ! Se coucher, se lever, courir, s'arrêter, sauter, avancer, tourner à gauche, filer à droite, c'est parfait !

C'est un être trop indépendant pour que le mariage l'asservisse.

Que sa valise soit toujours prête, que la vôtre ne soit jamais loin : l'un de vous deux doit pouvoir rapidement déguerpir.

Bref, quittez-vous souvent, c'est la seule façon de rester ensemble.

Le plus déterminé des jusqu'au-boutistes

Un Sagittaire qui se respecte n'a pas une minute à lui.

Entreprenant et actif? c'est peu dire. Concevant chacune de ses journées comme un marathon, ancré dans l'endurance, levé tôt, couché tard, il prend ses virages à la corde et ne se considère arrivé qu'après avoir épuisé tous ses poursuivants.

Il ressemble à la flèche qui le symbolise : une fois lancé, rien ne l'arrête.

L'énergie du Sagittaire, son jusqu'au-boutisme, c'est ce qu'Adolf Hitler avait négligé en escomptant la reddition de l'Angleterre. Winston Churchill (né le 30 novembre) était natif de ce signe.

Tout comme Bruce Lee, Jacques Chirac ou Maria Callas qui, eux non plus, n'ont jamais baissé la garde avant d'avoir touché leur cible.

Et quand le Sagittaire n'a pas la carrure

et le râble d'un chef de guerre, d'un athlète, d'un maire ou d'une cantatrice, qu'on ne s'inquiète pas davantage pour son destin !

Le feu qui brûle son âme, même sertie dans un corps chétif et mollasson, n'en fait pas moins de lui un activiste échevelé.

C'est l'exemple de Beethoven, sur qui aucune bonne fée ne s'était penchée, mais qui, par chance, naquit un 16 décembre.

« Quelle conquête vaut aujourd'hui sa vie ? » demandait à juste titre Romain Rolland, en regardant ce « malheureux, pauvre, infirme, solitaire, la douleur faite homme, à qui le monde refuse la joie et qui crée la joie lui-même pour la donner au monde ! »

Nul miracle dans tout cela, mais de l'enthousiasme et du dynamisme, et un emploi du temps de ministre.

Le lecteur connaît peut-être la très sérieuse société anglaise Filofax, spécialiste des agendas.

À côté de ses grands classiques (« Une semaine sur deux pages » ou « Un jour une page »), elle a pris la décision de publier, à partir de cette année, un agenda conçu pour répondre au *surbooking* des Sagittaire. Elle l'a appelé : « Un quart d'heure par page ».

Il y a de la vantardise chez le Sagittaire, un peu de bluff, beaucoup de suffisance.

Mais ce qui serait chez tout autre signe du zodiaque un défaut, une tare, voire un trouble psychique, doit être apprécié chez le Sagittaire comme une qualité.

L'exemple de Gustave Eiffel, né un 15 décembre, convaincra les plus sceptiques, quand ils sauront que la tour dont la capitale de la France s'honore depuis plus d'un siècle n'est que la conséquence d'une fanfaronnade enfantine.

À l'heure où les chères têtes blondes s'amusent à comparer en toute innocence leurs petits appendices de chair, le jeune Gustave mit la barre très haut. Il se vanta d'époustoufler un jour la terre entière en exhibant sur la place publique la plus gigantesque des protubérances phalliques.

Comme on le sait, il prit prétexte de l'Exposition universelle de 1889 pour faire son épate, mais ce qu'on sait moins, c'est que le jour de l'inauguration, il prit soin de réunir sur le Champ-de-Mars l'ensemble de ses copains de CE2 pour qu'ils prennent la mesure de la performance.

Les Sagittaire sont d'un optimisme désarmant.

Ceux qui sont portés à croire en Dieu voient en chaque événement la manifestation de sa bienveillance. La vie sur terre leur offre un avant-goût de la béatitude du ciel et pour rien au monde ils ne voudraient retoucher l'œuvre divine.

Les mécréants sont tout aussi sereins.

Ils s'exagèrent la bienfaisance de la Nature – rien de ce qu'elle inspire n'est mauvais.

Ils surestiment la bonté de l'homme – il n'a à leurs yeux que des intentions louables.

Ils créditent la science d'omnipotence – elle finira par améliorer tout ce qui est encore perfectible.

Bref, enluminé ou non par la foi, le Sagittaire a la satisfaction chronique.

Il ne se faufile pas entre les gouttes du malheur, mais il a fait sienne la devise des débonnaires complaisants : « Battu, cocu et content ».

Grâce à elle, même trempé jusqu'aux os, le Sagittaire a le sentiment d'être imperméable.

S'il est un signe qui se veut du bien, c'est le Sagittaire.

Il s'aime et ne se le cache pas.

Le masochisme est pour lui une langue étrangère dont il ne comprend pas un traître mot.

Dès son plus âge, il veille sur sa propre personne comme sur la prunelle de ses yeux.

Il s'épargne, se protège, se prodigue mille petits plaisirs.

Jamais lassé par l'affection qu'il se manifeste, il s'émerveille de son imagination hédonique et de son aptitude à goûter les chatouillements inexprimables de la volupté.

Ce qu'il apprécie le plus quand il se comble de bienfaits, c'est son désintéressement.

Sa générosité autoérotique lui semble édifiante.

Pour un peu, il jouirait de la reconnaissance qu'il se voue.

Le Sagittaire est le seul altruiste que je connaisse, qui ne s'intéresse et ne se dévoue qu'à lui-même.

La popularité du Sagittaire n'est plus à démontrer.

On l'estime, on le goûte, on se le dispute, il est celui qu'il faut avoir à sa table, dont la seule présence est gage de bonne humeur.

« Il y a des gens si ennuyeux, disait Jules Renard, qu'ils vous font perdre une journée en cinq minutes. » Le Sagittaire, lui, vous fait gagner une semaine en dix secondes.

Son intelligence est éblouissante (Gustave Flaubert, Fritz Lang), son humour étincelant (Mark Twain, Woody Allen), même si de temps en temps, chez certains natifs du signe, le brio n'est pas immédiatement perceptible (Leonid Brejnev, Jean-Pierre Foucault).

Disponible, ouvert, bienveillant, le Sagittaire n'a toutefois pas l'amitié sélective. Fuyant les épanchements trop intimes, il préfère être l'ami de tous, plutôt que d'un seul.

Cette sympathie omnidirectionnelle lui joue des tours, quand deux partis opposés le désignent simultanément comme porte-parole.

J'ai connu un Sagittaire qui était devenu, dans la même entreprise, le représentant du personnel et celui de la direction. Ceux qu'il sanctionnait d'une main, il les poussait à la grève de l'autre.

Jusqu'au jour où, se séquestrant lui-même, il entama une grève de la faim pour protester contre sa propre intransigeance et se laissa mourir dans sa complète indifférence.

Tout le monde le regretta.

Une sexualité astucieuse

Le Sagittaire distingue les sexualités dynamiques des sexualités statiques, et il est l'adepte éloquent des premières.

Son énergie sexuelle accourt là où il l'appelle, il la dépense à son gré, ne se préoccupant pas de savoir par quels ressorts le désir agit en lui, simplement satisfait de constater que son corps frémit à la première occasion comme les cordes d'une harpe qui vont éclater.

Il ne faut guère être physionomiste pour lire sur son visage les appétits de la passion.

Il est volage en toute bonne conscience, sachant que la violence qu'il se ferait pour rester fidèle offenserait sa nature plus gravement qu'une infidélité.

Bien que bourlingueur dans l'âme, il n'est pas du bois dont on fait les missionnaires et n'en adopte que rarement la position. Gare aux tièdes qu'il catéchise, ce n'est pas dans les bras de l'Église qu'il les précipite !

Il a le sexe astucieux et fertile, il aime ce qui dure, c'est un enragé de l'amour, qui force la dose, qui exige sa ration de plaisir comme d'autres leur ration de pain.

Il ne pratique pas le « rapport sans orgasme », le marivaudage sentimental, cette « forme littéraire de *coïtus reservatus* », comme l'appelait Roland Barthes dans *Fragments d'un discours amoureux*.

Rien à voir non plus avec les petits frotteurs de bals du Quatorze Juillet. Il ne travaille pas à vous échauffer doucement, il vous enflamme d'un coup, c'est un incendiaire, un épigone des pétroleuses de la Commune; même au repos, il garde l'œil brillant et le sang chaud.

La statistique est connue de tous les services de sécurité : près de 92 % des pyromanes sont nés entre le 22 novembre et le 20 décembre, et chaque été, dans le sud de la France, seule l'hostilité obstinée des pouvoirs publics à l'égard de l'astrologie retient les gardes forestiers d'inscrire aux quatre coins des bois : « Interdit de fumer, d'allumer des feux et de se promener enlacé avec un Sagittaire. »

Anticonformisme et tradition

Le Sagittaire est-il insoumis ou docile? Pour être exact, il faudrait répondre : les deux.

On l'ignore, mais c'est en cherchant à qualifier la complexité psychique du Sagittaire qu'on fabriqua au XVIIIe siècle le mot savant d'oxymoron, à partir d'*oxus* « malin » et de *môros* « imbécile ».

Oxymoron est resté en usage jusqu'à nos jours pour désigner une figure de rhétorique, où deux mots au sens incompatible se retrouvent alliés : une « obscure clarté » (Corneille), une « douce violence » (Molière), un « stalinisme à visage humain » (Georges Marchais).

Tel est le Sagittaire, à la fois contemplatif et entreprenant, philosophe et sportif, dogmatique et sceptique.

Il se laisse conduire par son cœur mais guider par son portefeuille, il vote à gauche mais penche à droite, c'est un contestataire ami de l'ordre établi, un anticonformiste attaché aux traditions, un rebelle fasciné par la soumission, ou le contraire, ou le contraire du contraire.

Et quand on lui demande s'il ne se moque pas un peu du monde, il répond : « À question précise, réponse claire : oui et non. »

Impossible n'est pas Sagittaire

Au Sagittaire rien d'impossible.

Le but qu'il sait ne pas pouvoir atteindre, il ne le vise pas.

Et maintenant ?

Si vous connaissez votre ascendant, reportez-vous aux pages qui le concernent.

Mais que vous le connaissiez ou non, lisez en priorité les chapitres écrits sur quatre autres signes : votre signe *inverse* – ses points forts sont vos points faibles, ses points faibles vos points forts; votre signe *opposé*, c'est-à-dire celui qui fait face au vôtre sur l'axe du zodiaque et dont le symbolisme lui est complémentaire; et enfin vos deux signes *affinitaires*, dont la sympathie et la complicité vous seront précieuses.

SIGNE INVERSE : **le Cancer.**
SIGNE OPPOSÉ : **le Gémeaux.**
SIGNES AFFINITAIRES : **le Bélier et le Lion.**

Capricorne

21 décembre – 19 janvier

Élément : **la terre.** Planète : **Saturne.**
Qualités : **frugalité, sérieux, intégrité.**
Défauts : **pessimisme, froideur, méfiance.**
Emporterait sur une île déserte :
un manuel de savoir-vivre.

Un misanthrope déclaré

Du Capricorne, on dit souvent qu'il est distant, froid, taciturne, renfermé.

De fait, il aime la solitude et rien ne lui plaît tant que l'ombre d'une caverne ou l'opacité d'une tanière.

Les métropoles l'effraient. De la ville au bourg il souffre.

La turbulence urbaine l'oppresse, il s'étiole sur le pavé au milieu des trémoussements de la cité.

La campagne recueille sa préférence, surtout les contrées les plus reculées, mais il ne refuserait pas de monter sa cabane au sommet d'une montagne, battue par les vents, comme si, en s'élevant au-dessus du séjour des hommes, il les abandonnait à leur contingence.

Asocial ? Bien sûr. Misanthrope ? Sans doute.

Car il ne se contente pas de mépriser snobisme et mondanité, il déteste le commerce de la vie.

Ce qui le séduit chez l'ermite et l'anachorète, c'est qu'ils n'ont pas à prendre le pli de feindre.

Le Capricorne abomine risettes et courbettes. Le culte de la sincérité tient le premier rang parmi ses devoirs, même s'il paie cher pour sa franchise.

À ses yeux, les hommes sont bassesse, perversion ou cruauté, il préfère de loin les haïr que de les cajoler.

Le docteur Petiot, qui était né un 17 janvier, c'est-à-dire le même jour qu'Al Capone et que Dalida, mais qui ressemblait beaucoup plus à celui-là qu'à celle-ci, prit la parole en ces termes, au dernier jour de son procès : « Je me suis réfugié dans le crime, comme d'autres sont allés s'asseoir au bord d'un lac, sur la grève, dans quelque asile caché : pour fuir le monde et ses vicissitudes. Je suis né avec un amour naturel pour la solitude qui n'a fait qu'augmenter à mesure que j'ai mieux connu les hommes. Ne pouvant m'éloigner d'eux ni les changer, j'ai choisi de les anéantir. Quand on ne peut sauver un membre rongé par la gangrène, ne vaut-il pas mieux le couper ? »

Le tribunal, convaincu par sa plaidoirie *pro domo*, répondit oui et lui fit couper la tête.

Compter sur ses propres forces

Un Capricorne célèbre, le président Mao, est l'auteur de cet aphorisme : « Il faut toujours compter sur ses propres forces. »

Il résume bien l'idéal autarcique des natifs de ce signe.

Si le Capricorne prend l'air détaché et indifférent, s'il s'enferme dans sa tour d'ivoire, se replie sur lui-même comme un serpent, c'est que sa compagnie lui suffit.

Personne ne lui est indispensable.

Si vous voulez l'accompagner dans l'existence, vivre avec lui, réduisez vos exigences au minimum.

Maigrissez, rapetissez, faites-vous plus discret qu'une souris, noire dans le gris du soir, grise dans le noir.

Qu'il ne vous voie et ne vous entende pas, qu'il ne soupçonne même pas votre présence.

Plus le Capricorne s'imaginera seul, plus il vous gardera à ses côtés.

Paranoïa quotidienne

On conspire contre lui. Voilà ce que le Capricorne est disposé à croire, de la première lueur du jour à la tombée du soir, et la nuit entière quand l'inquiétude le maintient éveillé.

Il allume son délire de la persécution à la moindre étincelle et l'entretient comme s'il s'agissait d'un trésor céleste dérobé aux dieux.

Dès qu'il se frotte à ses semblables, persiflage et raillerie lui semblent marcher de compagnie.

Tout ce que dit l'autre est pointe, allusion déplaisante, sous-entendu moqueur, et quand bien même l'autre se tait il n'en pense pas moins.

Aussi le Capricorne consume-t-il sa vie à dévisager les hommes, à épier leurs gestes, à spéculer leurs paroles, à interpréter leurs silences comme des aveux.

Un Capricorne ouvre une porte et découvre le plus innocent des tableaux : deux enfants jouent à la dînette, leurs mères papotent autour d'un thé, un gros chat somnole près d'un poêle. Il veut savoir aussitôt ce que ce petit monde manigance contre lui, le but de la conjuration, la liste des comploteurs.

L'ennemi veille partout, comment le Capricorne dormirait-il ?

On s'approche, c'est qu'on lui veut du mal. On s'écarte, c'est qu'on le fuit.

Pourquoi lui vient-on souhaiter une heureuse année quand elle a commencé si mal ? Une excellente santé alors qu'il s'enrhume ? Si vous ne voulez pas vous attirer ses foudres, rempochez vos bons vœux comme autant de mauvais sorts.

Rien ne dément le sentiment qu'il a d'être un intrus. Robinson sur son île, il demanderait encore aux écrevisses de mer : « Est-ce que je dérange ? »

Tout cela serait plus risible que dangereux si le Capricorne ne disposait pas quelquefois du pouvoir de nuire à ceux qu'il soupçonne de lui gâcher la vie.

Pascal écrivait dans ses *Pensées* : « Le nez de Cléopâtre, s'il eût été plus court, toute la face de la terre aurait changé. » Eh bien, si Joseph Staline n'était pas né un 2 janvier, les conséquences n'auraient pas été moindres.

Clairvoyance et perspicacité

Jeanne d'Arc était Capricorne, née le 6 janvier 1412, ne l'oubliez jamais !

Car comment expliquer autrement le sens politique, l'esprit d'analyse, l'intelligence de cette petite bergère qui n'avait pas fréquenté les écoles et qui put néanmoins passer de la garde des brebis à la tête des armées du roi de France ?

On a retenu comme exemples de sa perspicacité la reconnaissance du Dauphin qu'elle n'avait jamais vu et les prédictions qu'elle lui fit sur le siège d'Orléans, le sacre de Reims ou le retour à l'obéissance de Paris.

Mais pour ma part, ce qui m'a convaincu qu'il n'y avait pas de signes du zodiaque plus clairvoyants et subtils que les Capricorne renvoie à l'une des prouesses de Jeanne qu'on connaît moins.

Les trois voix qu'elle entendait étaient celles de saint Michel, de sainte Catherine et de sainte Marguerite.

Or si la voix de saint Michel était parfaitement reconnaissable à son timbre argentin, « écho limpide et pur de son âme enfantine » comme le dit Lamartine, il se trouve que sainte Catherine et sainte Marguerite, toutes deux enrouées au moment des faits, parlaient d'une façon absolument identique, au point de se livrer parfois à des impostures sans méchanceté en se faisant passer l'une pour l'autre.

Or jamais, je dis bien jamais, Jeanne, en digne représentante des Capricorne, ne les confondit.

Que les incrédules se couvrent la tête de cendres !

Un amoureux tourmenté

Le Capricorne ne veut pas séduire, et il y parvient.

Ce n'est pas qu'il manque de charme, au contraire. D'Humphrey Bogart à Cary Grant, de Marlene Dietrich à Ava Gardner, nombreux sont ceux dont l'élégance, la beauté, la grâce ont envoûté les foules.

Non, ce que le Capricorne refuse, c'est de se grimer, de jouer la comédie auprès de qui l'attire pour s'en concilier les faveurs.

Il n'a pas la vanité de plaire, mais si on veut l'aimer, c'est tel quel, sans apprêt.

La coquetterie l'irrite, le flirt l'ennuie, et inutile de badiner, il n'est pas client.

L'amour n'est pas un jeu, il ne sera ni le chat ni la souris.

On peut lui reprocher son manque de fantaisie, d'affabilité, il s'en moque : s'il lui faut rester célibataire, il le restera.

« Mieux vaut être seul que mal accompagné » dit la sagesse des nations. Il corrige : « Mieux vaut même être seul que bien accompagné. »

Bref, faire couple avec un Capricorne n'est pas une sinécure !

Il prétend craindre les rivaux, en réalité il les recherche, à l'occasion il les invente. Ce qu'il veut, c'est croire que l'être aimé le trompe et ainsi s'en affranchir.

J'ai connu un Capricorne qui cherchait un prétexte pour se libérer de l'affection, de l'amitié et de l'amour qu'il éprouvait respectivement pour son frère, un ami d'enfance et sa propre maîtresse. Un plan machiavélique germa dans son esprit, comme s'il lui fallait anticiper sur le malheur pour ne pas risquer d'en être un jour la victime.

Il persuada son ami de précipiter son frère dans les bras de sa maîtresse et, prenant acte de ces trois trahisons simultanées, perdit d'un seul coup les trois relations auxquelles il tenait le plus.

Le rêve d'une sexualité planifiée

Un rien peut détourner le Capricorne du sexe.

Désireux de contrôler ce qui lui arrive, il se méfie de tout, y compris de ses propres désirs, qu'il voudrait tenir en laisse.

La libido l'inquiète par ses débordements !

Par opposition à une sexualité de marché, obéissant aux lois de l'offre et de la demande, il rêve d'une sexualité planifiée.

C'est le seul domaine où le dirigisme ne lui ferait pas peur. Pour un peu il appellerait de ses vœux l'étatisme.

L'important, c'est de juguler la surprise, de commander à l'imprévu, de dompter l'émotion.

C'est pourquoi les Capricorne mâles apprécient les amours tarifées des ravageuses. Il y a dans le contrat tacite de la prostitution un *timing* sans faille qui les rassure : 23 heures, préliminaires ; 23 h 05, érection ; 23 h 07, coït ; 23 h 10, fin de la transaction commerciale.

Un ami peu présent

Le Capricorne est fidèle en amitié, mais passif.

Il n'éprouve pas le besoin de veiller au grain. Aux autres de s'agiter, s'ils le souhaitent, pour maintenir vivaces les liens qui l'unissent à lui.

Un ami est un ami, à quoi bon l'asticoter, l'abreuver de confidences au risque de lui tympaniser les oreilles.

Il existe, on apprécie sa compagnie lointaine, cela suffit.

Un Capricorne de plus de quatre-vingts ans disait d'une Vierge qu'il n'avait pas vue depuis la maternelle : « C'est le meilleur de mes amis, le plus sûr – il n'est jamais là quand je n'ai pas besoin de lui. »

Le charme des vendanges tardives

Prenez un Capricorne alors qu'il a dix ans. On lui en donnerait le double. Retrouvez-le trente ans plus tard, il en a vingt de moins.

C'est que le Capricorne vient au monde déjà vieux et rajeunit avec l'âge.

Sa psychologie se déduit de cet étrange phénomène : le Capricorne s'inscrit dans le long terme.

C'est le plus patient, le plus endurant des signes du zodiaque. Le plus prévoyant aussi. Il sait que la vie dure plus longtemps que les cigales ne le croient.

Sa mise en route est progressive, sa période de rodage très longue, mais une fois parti il file.

Il compense sa lenteur par sa persévérance, d'où son sang-froid, sa fermeté, son assurance. C'est un être qui se possède.

Le bonheur peut se refuser à lui pendant un demi-siècle, peu importe. Il a en réserve un nombre impressionnant d'années à vivre.

C'est ainsi qu'à l'heure où le Bélier, le Lion ou le Gémeaux songent à la retraite, le Capricorne découvre les rollers, les jeans et la sexualité.

Il est enfin mûr, prêt à souscrire aux propos de Paul Léautaud : « Les plaisirs de l'amour n'ont toute leur saveur que dans la maturité. »

Il en va des unions comme des vendanges. Les tardives ont un je ne sais quoi qui ravit le palais.

Dans un rapport intitulé *Démographie et longévité dans la France du troisième millénaire,* publié cette année par le ministère de la Santé, on lit que « 91 % des centenaires recensés dans notre pays (dom-tom exceptés) sont nés entre le 21 décembre et le 19 janvier ».

Du travail considéré comme un bienfait

Le Capricorne est un bûcheur.

Travailler, prendre de la peine, c'est le fonds qui lui manque le moins.

Comme le boquillon de la fable et sans attendre sa fin prochaine, il pèse sur ses enfants de tout son poids.

Qu'on ne lui parle pas de pause ou de récréation. Il faut besogner dur et sans entracte. On doit réussir par soi-même, gravir les échelons un par un, et si on ne parvient à en monter aucun, qu'on trime de plus belle.

Nulle surprise à ce que le Capricorne soit conservateur jusqu'à l'entêtement.

Il se méfie des 35 heures, mais aussi bien des 39 ou des 44. Et quand les prolétaires marnaient des soixante heures par semaine, six jours sur sept et sans vacances, il y avait encore des Capricorne pour s'écrier comme Hegel devant les montagnes : « C'est ainsi ! »

On raconte que Rudyard Kipling, à peine en terre, dans la tombe qui l'enfermait pour l'éternité, trouva encore la force de crier aux asticots qui lambinaient : « Allez, au boulot, maintenant ! »

S'enrichir avec le temps

La nature a horreur du vide, le Capricorne du gaspillage.

Accoutumé à la frugalité, il vit dans la continence, a peu de goût pour le luxe et se range sans regret sous la bannière de la modération.

Du coup, un Capricorne ne s'achète pas, sa sobriété le rend incorruptible. Au final, il n'a pas à se plaindre de son intégrité.

En ne dépensant pas, il s'enrichit, tranquillement, comme un fromage qui s'affine en cave.

L'armateur grec Aristote Onassis, qui était né un 15 janvier, expliquait le pourquoi et le comment de son immense fortune, en révélant qu'il avait pris l'habitude de ne jamais entamer un million de dollars avant d'en avoir engrangé un second, sage prudence que devraient méditer nombre de salariés aux mœurs dispendieuses.

LE CAPRICORNE A-T-IL EU UNE ENFANCE MALHEUREUSE ?

Que s'est-il réellement passé dans les premières années de la vie des Capricorne ?

À tort ou à raison, ils sont presque tous persuadés d'avoir connu une enfance malheureuse et ne cessent de s'en plaindre.

Interrogée, leur famille confirme rarement leurs dires.

Tout au plus se souvient-elle de ce que le petit Capricorne était prédisposé aux fractures osseuses et aux arthrites dentaires, qu'il souffrait de troubles du métabolisme, de démangeaisons chroniques, d'inflammations de l'estomac et de rhinites fétides, qu'à trois ans il toussait plusieurs heures par jour, qu'à cinq il fut à moitié dévoré par un chien et que, tombant d'un train, il fut traîné sur la voie jusqu'à la gare suivante, qu'à la maison ses frères le martyrisaient, qu'on le ridiculisait à l'école et qu'il pleurait comme une Madeleine dès qu'il n'avait pas mangé quatre jours de suite.

À Martin Luther King, qui était né un 15 janvier, ses parents ajoutaient : « Et quelquefois, on te traitait de sale nègre. »

Et maintenant ?

Si vous connaissez votre ascendant, reportez-vous aux pages qui le concernent.

Mais que vous le connaissiez ou non, lisez en priorité les chapitres écrits sur quatre autres signes : votre signe *inverse* – ses points forts sont vos points faibles, ses points faibles vos points forts; votre signe *opposé,* c'est-à-dire celui qui fait face au vôtre sur l'axe du zodiaque et dont le symbolisme lui est complémentaire; et enfin vos deux signes *affinitaires,* dont la sympathie et la complicité vous seront précieuses.

Signe inverse : **le Capricorne.**
Signe opposé : **le Sagittaire.**
Signes affinitaires : **la Balance et le Verseau.**

Verseau

20 janvier – 18 février

Élément : **l'air.** Planète : **Uranus.**
Qualités : **curiosité, idéalisme, anticonformisme.** Défauts : **utopie, extravagance, manque de sens pratique.**
Emporterait sur une île déserte : **le Kama-Sutra.**

Un génie de l'invention

Le Verseau n'est pas de son temps, il le devance.

Nombre d'enfants doutent que leurs géniteurs soient les bons. Ils s'imaginent abandonnés à la naissance, comme Œdipe ou Moïse, recueillis par des parents putatifs, maintenus loin du secret de leur origine par une cabale qu'ils se feront fort de combattre dès leur entrée en sixième.

Le Verseau, c'est toute sa vie qu'il doute

de l'authenticité de son acte de naissance, tant il se pense précurseur.

Mozart ne croyait pas être né en 1756, André Breton en 1896 et Jean Tiberi en 1935. Quand on a cent coudées d'avance sur les autres, on ne peut être leur contemporain, on dialogue déjà avec les générations futures.

La plupart des êtres parlants cantinent dans le gros du peloton, le Verseau joue les éclaireurs. Contredisant l'axiome, il n'a pas l'âge de ses artères ou de ses articulations, il a l'âge de ses idées : son entourage se traînait encore au XIXe siècle que Charles Darwin gambadait au XXe.

Esprit curieux, créatif et ingénieux, le Verseau est moderne avec un naturel déroutant.

À la fine pointe du progrès, fasciné par la technique, il est à l'avant-garde de l'avant-garde, cénacle étroit où seules l'audace et l'imagination permettent de se glisser.

« Les amants, même les plus médiocres, s'imaginent qu'ils innovent » écrivait Radiguet dans *Le Diable au corps*, mais innover n'est pas pour autant à la portée du premier venu.

Le Verseau, lui, donne carrière à son inventivité. De la poudre à la roue, de la pointe Bic à la fermeture Éclair, de la barbe à papa au four à micro-ondes, derrière chaque trouvaille – ou juste à côté –, il y a un natif de ce signe.

D'ailleurs, le fait est attesté : 93 % des grands inventeurs qui ont marqué le siècle, remarquait un délégué au dernier congrès de l'Association internationale pour la protection de la propriété industrielle, sont nés entre le 20 janvier et le 18 février.

La seule incertitude concerne l'inventeur du bi-bop de France Télécom, ce téléphone mobile qui exigeait de son utilisateur qu'il ne bougeât pas : il a préféré dissimuler et sa date de naissance et son adresse et son identité.

Révolutionnaire en peau de lapin

Le Verseau chérit la liberté – la sienne tout d'abord. Car s'il n'oublie jamais les autres, il pense toujours à lui.

Certes, il se pique de regarder au-delà du clocher de son village et n'a que mépris pour qui ne songe qu'à sa petite personne.

Je suppose même qu'il aimerait être encore plus radical, moins conformiste, plus provocateur.

Parfois, l'immoralité le tente comme un fruit défendu. Il rêve alors d'être chassé du paradis des braves gens et, préférant de loin le bouge à la boutique, s'imagine en jouisseur plutôt qu'en épicier.

En réalité, c'est un illusionniste, un subversif en peau de lapin, qui ne connaît d'autres lois que son caprice.

Révolutionnaire en apparence, réactionnaire en réalité !

Les procureurs des procès staliniens ont quelque peu abusé de la formule et celle-ci est aujourd'hui dévaluée.

C'est dommage, car elle reste très descriptive pour le Verseau.

Pour le Verseau qui parle au nom du peuple, mais l'exploite avec cruauté pour son seul bénéfice, style Ceaucescu (le dictateur), né un 26 janvier.

Pour le Verseau qui joue les affranchis et les délurés, tout en vendant son corps à qui veut l'acheter, genre Barbie (la poupée), née – on l'ignore trop souvent – un 13 février.

La tête dans les nuages

L'excentricité du Verseau n'est pas une légende.

Original et distrait, il a peu de sens pratique.

Il se pique en s'approchant d'une aiguille, se cogne en plantant un clou, se brûle en chauffant un plat.

Certains s'amusent de son apragmatisme, trouvent du charme à ce professeur Nimbus qui se promène sur la terre comme s'il marchait sur la lune.

Ne soyons pas trop complaisants.

Si on comptait sur les Verseau pour que les robinets ne fuient pas, tous les appartements de la planète seraient inondés.

Un excitateur d'idées

Le Verseau est un cérébral.

Son cerveau travaille en permanence, c'est impressionnant. Même quand il dort, il cogite.

Sainte-Beuve disait de Stendhal (né un 23 janvier) : « C'est un excitateur d'idées. »

Valéry Giscard d'Estaing dit de lui-même (né un 2 février) : « Je suis irrémédiablement intelligent. »

Dès l'âge des culottes courtes, le Verseau pourrait lire la *Critique de la raison pure*, tant il y a dans le travail intellectuel un fond de facilité qui l'enivre.

Alors que les autres collégiens finissent de comprendre l'œuvre d'Uderzo et Goscinny, il disserte sur la notion de concept et le concept de notion, traditionnel sujet de réflexion des élèves de Normale sup.

Doué pour la psychologie comme pour les sciences exactes, pour la littérature comme pour l'histoire, il sait distiller sa pensée avec bonheur et puiser dans sa culture encyclopédique les références propres à éclairer notre présent des leçons du passé.

Personne ne manie la citation avec autant d'à-propos que lui.

Sans pédanterie aucune, loin de pilloter nos anciens, il convoque leur sagesse avec juste ce qu'il faut de déférence.

Boileau, La Bruyère, Montesquieu ou Vauvenargues, c'est une bénédiction du ciel que de l'entendre constituer au fil de sa conversation le plus éblouissant des florilèges.

Avec le chat de Philippe Gelluck, il est même le seul à connaître l'existence d'un proverbe chinois qui ne dit rien.

Alors, quand il n'a rien à dire, il le cite.

De la science-fiction au délire

Ce qui plaît au Verseau, c'est l'enchaînement des faits hautement improbables. D'où sa passion pour la science-fiction.

Formidable ! direz-vous – cela dépend.

Quand l'une des neuf Muses est au rendez-vous, cela donne Jules Verne et ses anticipations coruscantes.

Mais quand les dieux sont tombés sur la tête et que le Verseau se retrouve seul avec son bonnet, cela donne la scientologie (John Travolta), quelques prédictions folles (Paco Rabanne) et beaucoup de poudre de perlimpinpin (Rika Zaraï).

Bourreau d'argent

S'il devait choisir entre l'indépendance et l'argent, le Verseau choisirait l'indépendance. Mais si on lui laisse le choix, il prend les deux.

Car même si les contrariétés financières ne le démontent pas facilement, même s'il marchande peu et ne court pas les soldes, il préfère ne pas loger à l'hôtel de l'impécuniosité.

Le Verseau a besoin d'argent, il aime le dépenser, si possible à tire-larigot.

Il pense, comme Gide, que « les richesses ne sont belles à amasser que pour les dépenser facilement ensuite ».

Les saintes cohortes des jaloux accusèrent plus d'une fois Bernard Tapie de brûler la chandelle par les deux bouts, alors même qu'il n'avait plus un sou en poche. C'était mal comprendre comment s'exerce la prodigalité du Verseau.

On m'a raconté l'histoire d'un homme, qui était né comme Tapie un 26 janvier, et qui entra un jour dans un café.

Il demanda un gâteau, que le serveur lui apporta aussitôt, mais qu'il lui rendit, sans le goûter, lui commandant en retour un verre de vin.

Quelques minutes plus tard, après avoir consommé cette fois le verre demandé, il se leva et se dirigea vers la porte.

– Monsieur, vous n'avez pas payé votre verre, protesta le serveur.

– Je le sais, répondit l'homme, mais ne vous ai-je pas donné un gâteau en échange ?

– Oui, mais ce gâteau, vous ne l'aviez pas non plus payé.

– Encore heureux ! Pourquoi l'aurais-je payé puisque je ne l'ai pas mangé ?

Que les lecteurs notent cette définition : le Verseau est celui qui veut payer les verres de vin qu'il boit avec les gâteaux qu'il n'a aucune intention d'acheter.

Entraide et fraternité

Tolérant, secourable, solidaire, le Verseau souhaite appartenir à la communauté des hommes, sans exclure quiconque de l'amour qu'il porte à tous.

Le mot « entraide » convient si bien à sa nature généreuse qu'il semble avoir été inventé pour elle.

Je sais bien que l'amour du prochain est un sentiment établi par Dieu et approfondi par le christianisme, mais c'est le Verseau qui l'a universalisé.

S'il est exact, pour paraphraser Victor Hugo, que Léonidas est mort pour la patrie, Socrate pour la raison et James Dean pour rien, le Verseau, comme Jésus, est prêt à mourir pour la fraternité.

D'ailleurs, Caïn lui-même était natif de ce signe.

Changer la vie

Idéaliste, utopiste, le Verseau veut changer la vie.

Son optimisme résolu lui fait dire : c'est possible.

Militant contre toutes les injustices, il ne supporte aucune forme d'oppression.

L'un des plus célèbres Verseau, Abraham Lincoln, paya de sa vie son combat contre l'esclavagisme, juste après avoir déclaré, au terme de la guerre de Sécession, vouloir « panser les blessures de la nation, s'occuper de ceux qui ont souffert des combats, faire tout ce qui est possible pour rétablir et maintenir une paix juste et durable aux États-Unis et avec toutes les nations ».

Le Verseau est au service du monde.

Comment lui reprocher de déserter sa maison, de n'accorder à ses enfants qu'une attention lointaine, de passer le plus clair de son temps en réunions, manifs et autres militances ?

Les groupes auxquels il adhère sont sa seconde famille et ce choix honore l'humanité tout entière.

Dans le cas du général Bigeard ou de Stéphanie de Monaco, tous deux nés la première quinzaine de février, il est toutefois permis de regretter que leur famille d'origine n'ait pas réussi à être un peu plus possessive, voire même très possessive, quitte à les boucler une fois pour toutes chez eux.

Tous les Verseau ne sont pas comme Georges Simenon, né un 13 février, qui se vantait d'avoir fait l'amour à dix mille femmes.

Certains n'ont fait l'amour qu'à trois ou quatre mille partenaires, la plupart se contentant d'inventaires bien moins pharaoniens.

En effet, la sexualité ne constitue pas le passe-temps favori du Verseau, que les médiocres aventures de la chair plongeraient plutôt dans la perplexité.

Plus enclin à dépenser son énergie dans des débats d'idées que dans des ébats au lit, englobant dans la même réprobation copulations, caresses et baisers, il se demande quel intérêt on peut bien trouver à répéter de nuit en nuit, au geste et au mot près, les mêmes étreintes.

Par chance, l'érotisme le sauve des griffes de la chasteté.

Que la sexualité ne se réduise pas aux entrelacs saccadés de deux corps, que l'imagination puisse venir au secours des pulsions, voilà qui l'emplit d'une joie profonde.

Sa chambre devient dès lors un laboratoire, il ne fornique plus, il expérimente.

Essayer, tout essayer, parier sans cesse sur l'insoupçonné, l'inédit, changer les places, intervertir les rôles, renverser, réformer, bouleverser, renouveler les genres, révolutionner les formes, métamorphoser l'acte sexuel en une extravagante symphonie lascive, voilà qui l'occupe jusqu'à plus soif.

Et quand il finit par perdre l'un après l'autre ses compagnons de jeu, épuisés par cette agitation heuristique, le Verseau se prend lui-même pour ultime cobaye, repousse les frontières de l'orgasme au-delà des limites connues, et s'abandonne à cette « petite mort » comme le bœuf au marteau du boucher, non sans avoir préalablement conseillé à ses voisins l'ingestion d'iodure de potassium, comme prévu par le règlement des centrales nucléaires, dans les cas les plus graves de contamination de l'atmosphère ambiante.

L'amour sans discrimination

Le Verseau veut être épaté par qui l'aime et pas seulement aimé.

Si on doit le conquérir, il ne faut pas compter sur sa jeunesse ou son charme personnel – chacun écorne vite le petit pécule de séduction que la nature, bonne fille, se fait un plaisir d'accorder à la plupart des beautés nubiles !

Il faut plutôt maintenir intacte sa curiosité.

Un peu de mystère, beaucoup de fantaisie, ne vous laissez pas deviner, échappez-lui autant que lui-même souhaite vous échapper.

L'union libre tente le Verseau, faire couple l'effraie, vous ne lui êtes pas indifférent, il se protège.

Il se montre peu démonstratif ? C'est qu'il est passionné par trop de causes pour s'attacher à une seule.

Il chérit les Tibétains, les Palestiniens, les Timorais-Orientaux, les Coréens du Nord et ceux du Sud, les Kurdes, les Kosovars, les sans-papiers, les routiers en colère, les infirmières en lutte, les cheminots en grève, les palombes, les bébés phoques, les arbres – et vous aussi bien sûr, il vous aime !

Est-ce qu'il croit à l'égalité des sexes ? Évidemment ! Il croit à l'égalité de tout ce qui existe. C'est l'ennemi juré de la discrimination.

La vie ne se hiérarchise pas, il la défend en bloc.

Pour lui, un homme vaut une femme qui vaut un homme qui vaut un chat qui vaut une mouche.

Comment surprendre un Verseau ?

N'annoncez jamais à un Verseau que vous aspirez à vivre avec lui, il craindrait que vous ne le coupiez du monde.

Épousez-le plutôt par surprise, sans rien lui dire.

Le bénéfice d'une telle union est grand : le jour où vous souhaiterez le quitter, il ne s'en apercevra pas.

Et maintenant ?

Si vous connaissez votre ascendant, reportez-vous aux pages qui le concernent.

Mais que vous le connaissiez ou non, lisez en priorité les chapitres écrits sur quatre autres signes : votre signe *inverse* – ses points forts sont vos points faibles, ses points faibles vos points forts ; votre signe *opposé*, c'est-à-dire celui qui fait face au vôtre sur l'axe du zodiaque et dont le symbolisme lui est complémentaire ; et enfin vos deux signes *affinitaires*, dont la sympathie et la complicité vous seront précieuses.

SIGNE INVERSE : **le Taureau.**
SIGNE OPPOSÉ : **le Lion.**
SIGNES AFFINITAIRES : **la Balance et le Gémeaux.**

Poissons

19 février – 20 mars

Élément : l'eau. Planète : Neptune.
Qualités : compassion, sensibilité, profondeur. Défauts : masochisme, mysticisme, incohérence.
Emporterait sur une île déserte : des feuilles de cannabis.

Un quant-à-soi farouche

Le Poissons est imperméable au monde.

Sa capacité de faire chambre à part est remarquable.

Il y a encore un siècle et demi, ce n'est pas un hasard si aucun tableau ne portait le nom de Georges de La Tour.

Né un 19 mars, le peintre s'en serait-il d'ailleurs offensé ?

De son vivant, le Poissons nage dans les

eaux profondes qui le dissimulent aux importuns ; une fois mort, pourquoi ne chercherait-il pas à préserver son quant-à-soi ?

D'ailleurs, si l'on connaît bien aujourd'hui *Saint Sébastien soigné par Irène* ou *La Rixe des musiciens*, on ignore encore tout de l'un des plus beaux tableaux de Georges de La Tour, *Le Rêve éveillé d'un jeune Poissons sur la colline.*

On y voit un garçon d'une vingtaine d'années, assis paresseusement dans l'herbe, le corps légèrement penché en arrière, les yeux mi-clos.

La journée est lumineuse, la terre, chauffée par le soleil, exhale des odeurs fortes, et le jeune Poissons, alangui par l'été, grisé de sensations, porté au loin par son esprit délié, semble submergé par l'ivresse que donnent au rêveur les effluves subtils de l'imagination.

Autour de lui, les moissonneurs triment, peinent, gémissent.

Sur leur visage se lit la fatigue que l'habitude des ans ne rend pas moins cruelle.

Oh, ils ont bien dû prier, comme l'Évangile selon saint Matthieu (IX, 37-38) les y invite, pour que « le maître des blés leur envoie des ouvriers en sa moisson », mais le maître est resté sourd.

Alors, on voit les moissonneurs regarder du coin de l'œil le jeune garçon, perdu dans ses pensées, fidèle à son signe du zodiaque qui l'incite à fuir la réalité dès qu'il la rencontre, et on comprend qu'ils se disent ce que souvent le Poissons inspire à ceux qui côtoient sa nonchalance : « Si ce petit abruti ne vient pas d'ici deux minutes nous filer un coup de main, ce sera sa fête. »

Extase

Même quand il n'en pratique aucune, le Poissons n'est jamais tout à fait sans religion.

Je ne parle pas ici des dogmes, des rites, des cérémonies, des pompes, de tous les signes extérieurs du culte, mais de l'élan de l'âme qui permet d'accéder à la transcendance.

Sans débattre ici de la thèse défendue par Ophélie Winter (née un 20 février), selon laquelle l'être humain n'est heureux qu'en Dieu (cf. sa chanson *Dieu m'a donné la foi*), disons que le Poissons n'a nul besoin de l'Être suprême pour connaître les saintes effusions mystiques.

Regardez les grands moments d'exaltation de quelques Poissons célèbres : les ferveurs de Victor Hugo, les visions de Mikhaïl Gorbatchev, les sermons de Ralph Nader, les extases d'Arlette Laguiller, les démissions de Jean-Pierre Chevènement.

Ce sont là les manifestations d'une croyance qu'aucune objection n'ébranle, d'une volonté arrivée à sa plus grande puissance, d'une illumination identique à celle que Dieu accorde à ceux qu'il a élus.

Je me souviens d'avoir assisté à je ne sais plus quel congrès du Parti socialiste que la passion enfiévrait.

On repérait les Poissons du fin fond de la salle.

Connectés en interne avec l'être infini du socialisme, ils donnaient le sentiment d'avoir rompu toute communication avec le monde extérieur.

Il n'y avait plus d'intermédiaire entre eux et la société de justice à laquelle ils aspiraient. Ils la voyaient, ils la touchaient, ils la possédaient, ils étaient en elle, elle était en eux.

C'est ce jour-là, en fin de séance, que la majorité des congressistes se rallia à l'économie de marché.

Le Poissons idéalise tout ce qu'il touche. Il cherche à ouvrir la porte d'un monde qui se refuse à lui, à emprunter la troisième voie, celle qui mène sinon au ciel, du moins à son antichambre.

Aussi se trompe-t-il plus souvent qu'à son tour, menant sa vie comme on écrit un roman, trompé par les personnages qu'il s'invente, abusé par les mirages qu'il promène dans ses paysages chimériques

La réalité dément sa mythologie, mais ce songe-creux tient bon.

J'ai connu un Poissons qui avait épousé une femme acariâtre, hargneuse, une infernale mégère dont la méchanceté jalouse ne prenait pas un seul jour de repos.

Je ne l'ai jamais entendu appeler sa moitié autrement que « ma princesse », « mon bijou », « ma colombe », et chaque fois le petit mot doux faisait son effet.

Non sur l'horrible furie dont la dureté était inentamable, mais sur le Poissons lui-même, dont le cauchemar se dissipait pendant quelques secondes, comme s'il avait réussi à se persuader que c'était Juliette ou Cendrillon qu'il allait prendre dans ses bras.

Ingéniosité du Poissons, puissance de la rêverie, miracle du signifiant !

Un signe masochiste

Comme on pressait le pape Pie XII, qui était né un 2 mars, de dénoncer les camps nazis, il posa la main sur son cœur et soupira : « L'extermination des Juifs me fait horriblement souffrir, mais je préfère endurer ma peine en silence que de la rendre publique. »

Le Poissons est ainsi : il sait souffrir avec élégance.

De là à croire qu'il affectionne la douleur, il n'y a qu'un pas que nous pouvons franchir allègrement.

Dans son *Historia romana*, Velleius Paterculus note un détail intéressant sur la crucifixion de six mille esclaves par Pompée au terme de la révolte de Spartacus.

Alors que la quasi-totalité des suppliciés souffraient comme les martyrs qu'ils étaient, 92 % de ceux qui ne se plaignaient pas étaient nés entre le 19 février et le 20 mars.

« Les Poissons affrontaient la mort avec une indifférence qui forçait l'admiration de leurs bourreaux, écrit Velleius Paterculus, comme s'ils prenaient un malin plaisir à agoniser le sourire aux lèvres. »

Bien des siècles plus tard, Sacher-Masoch écrira à sa femme Wanda : « Après avoir été le symbole du Christ dans l'art chrétien primitif, le Poissons doit devenir l'emblème de la perversion qui portera un jour mon nom. »

Grâce au Poissons, le masochisme était officiellement né.

La tentation des paradis artificiels

Le Poissons a du mal à résister à la tentation.

Pour gagner le paradis, les êtres humains patientent en règle générale jusqu'à la mort. Le Poissons, lui, compte sur les stupéfiants et les boissons fermentées pour y arriver de son vivant.

Mais, étant modérément convaincu de son choix, quand il n'a ni vin, ni haschisch, ni aucun de ces puissants opiums baudelairiens qui « au cœur du pauvre comme du riche, pour les blessures qui ne se cicatriseront jamais et pour les angoisses qui induisent l'esprit en rébellion, apportent un baume adoucissant », il se contente de regarder la télévision.

On reproche au Poissons d'être indécis, fuyant, insaisissable.

Il est surtout intuitif, et son intuition lui dit de ne pas se compliquer la vie en précipitant certains choix.

C'est ainsi qu'en amour il n'y a pas de signe plus conservateur que lui : il prend tout et ne jette rien.

Vous avez épousé un Poissons ? Sachez que sans desserrer les liens solides qui l'unissent à vous, il peut fort bien entamer une ou plusieurs autres liaisons, tant il ressent en lui le besoin d'aimer.

En réalité, ce qui le guide dans l'existence, c'est son désir de satisfaire tout le monde, de ne blesser personne.

Adorer d'une main ce qu'il trompe de l'autre ne lui demande aucun effort.

Le jour venu, vous cotiserez donc à l'amicale de ses anciennes amours, vous n'en serez jamais exclu, et comprendrez très vite que la vie sentimentale du Poissons ressemble à un millefeuille, où chaque être aimé vient coexister avec tous les autres, dans un empilement de passions qui s'émiettent, sans jamais être balayées.

Tous les signes du zodiaque génèrent des malentendus. Le Poissons ne fait pas exception à la règle.

De ceux qui sont nés sous ce signe, on entend parfois que leur sensualité est torride, que la sexualité les obsède.

Certains vont jusqu'à prononcer les mots sulfureux de « nymphomanie » et de « satyriasis ».

Quelle sottise !

Le Poissons a simplement besoin qu'on l'aime, qu'on le lui prouve, qu'on le lui dise encore et encore.

Ne pouvant vivre seul, il cherche un compagnon, une compagne, quoi de plus naturel ?

Alors, c'est vrai, certains font le guet, l'oreille inquiète, observant les allées et venues des passants, puis, quand ils ont trouvé leur proie, tentent de la ferrer.

Ils demandent, prient, pressent, s'obstinent, insistent un peu lourdement, reviennent à la charge sans beaucoup de tact et, parce qu'ils croient, comme Bergson, que « l'esprit qui s'obstine finit par plier les choses à son idée, au lieu de régler sa pensée sur les choses », en arrivent à sauter sur tout ce qui bouge.

De là à repérer une exagération pathologique des désirs sexuels chez le Poissons ! Non, je ne le pense vraiment pas.

Tout au plus peut-on parler chez les natifs de ce signe d'une légère tendance à importuner la terre entière, jusqu'à obtenir de n'importe laquelle de ses créatures vivantes, jeune ou vieille, disponible ou non, qu'elle cède par lassitude à des avances aussi pressantes qu'inciviles et aussi déplacées qu'odieuses.

Le goût du sacrifice

Le Poissons a le cœur sur la main.

Indulgent, généreux, serviable, il ne s'apitoie pas sur son sort, il ne bassine pas ses semblables de ses jérémiades.

Dans la confidence, il s'arrête toujours en chemin, épanchant son cœur avec parcimonie comme s'il craignait de détourner l'attention de ses auditeurs de sujets autrement plus importants que sa petite personne.

Si Handicap international, Médecins du monde, Aides, l'Unicef, la Croix-Rouge, si toutes les associations caritatives et humanitaires, adressent en priorité leurs *mailings* aux natifs de ce signe, c'est que le

Poissons s'efface devant la misère du monde pour s'y dévouer.

Ce qu'il veut, c'est servir, offrir le meilleur de lui-même.

À l'hôpital, au couvent, mais aussi bien au cinéma comme Raoul Walsh, dans la peinture comme Renoir ou la littérature comme Boris Vian.

Pensez que pour le seul plaisir du public, Rudolf Noureïev a sacrifié sa santé à la danse, Laurent Ruquier sa jeunesse à l'humour et Étienne Mougeotte son intelligence à TF1.

À FLEUR DE PEAU

Le Poissons ressent ce que les autres se contentent d'imaginer.

Il nage dans un océan de sensations.

C'est un être si sensible, si émotif, que le moindre événement le touche, que la moindre sollicitation le mobilise.

Il lui faut des plaisirs tranquilles, des musiques douces – il n'est jamais aussi apaisé qu'à la campagne, dans la paix du soir, quand les hirondelles viennent jouer sur l'eau des fontaines et que les volubilis se recroquevillent pour bientôt s'endormir.

Oh, il ne cherche pas le silence et la nuit pour pleurer : les larmes sont toujours prêtes, au bord de ses paupières, à se joindre au moindre trouble. Mais il sait qu'il n'est pas fait pour le tohu-bohu du monde.

Tout lui est aquilon, même les zéphyrs.

Un compliment ? Il rougit. Une contrariété ? Il est blême. Une remontrance ? Il vacille. Une critique ? Le cœur serré par une main invisible, il est au bord de la convulsion.

Ce conseil vous sera donc utile : avant d'accueillir chez vous un Poissons, faites le ménage, déplacez les meubles. Comme vous lui parlerez certainement de ses vacances, de sa nouvelle coiffure ou du temps qu'il fait, et que votre hôte pourrait fort bien prendre ces remarques anodines pour une agression bestiale, autant vous assurer tout de suite qu'il pourra syncoper à volonté et s'effondrer sur votre parquet sans se salir ni se blesser.

Le désordre des sentiments

Le Poissons est un être décousu, au cœur pur mais à l'esprit enténébré.

Cela se remarque à sa façon de parler, le plus souvent incohérente.

Écoutez-le défendre une thèse qui lui tient à cœur.

Deux ou trois phrases intelligibles inaugurent le propos, suivies immédiatement par une incongruité, une impropriété et un barbarisme.

Sur le qui-vive, vous raccrochez les wagons et retrouvez sans trop de difficultés l'intention du locuteur derrière l'imprécision de son message. Le pire est à venir.

Devinant votre perplexité, il essaie de préciser sa pensée, mais s'embrouille de plus belle, jusqu'à perdre lui-même le fil de son discours.

Ses propos rivalisent de confusion.

Il tente une dernière fois de se faire comprendre, mais le brouillard qui recouvre ses paroles est obscurci par les ultimes efforts qu'il déploie pour le dissiper.

Alors, il renonce et éteint la lumière de son intelligence : plus d'espoir d'entrevoir la moindre lueur, démêler ce brouillamini relèverait des travaux d'Hercule.

On observe chez les Esquimaux un étrange comportement, le *piblokto*, caractérisé par une confusion spectaculaire qui peut aller jusqu'au bain de neige, la dénudation et l'imitation du cri des animaux.

Cette crise, parfaitement identifiée par l'ethnopsychiatrie, dure une heure ou deux.

Chez le Poissons, le désordre de l'idéation et des sentiments dure des années.

Mimétisme du Poissons

Impressionnable Poissons ! Influençable Poissons ! Crédule aussi, au point de se laisser exploiter sans rechigner.

Le trait le plus singulier de sa nature réceptive, c'est son mimétisme.

En un clin d'œil, comme dans le *Zelig* de Woody Allen, il devient banquier à Londres, mafioso à Moscou, danseur à Buenos-Aires, psychanalyste à New York et kangourou à Sydney.

Et chaque fois le Poissons de s'exclamer : « Tel qu'en moi-même enfin l'éternité me change ! »

Et maintenant ?

Si vous connaissez votre ascendant, reportez-vous aux pages qui le concernent.

Mais que vous le connaissiez ou non, lisez en priorité les chapitres écrits sur quatre autres signes : votre signe *inverse* – ses points forts sont vos points faibles, ses points faibles vos points forts ; votre signe *opposé*, c'est-à-dire celui qui fait face au vôtre sur l'axe du zodiaque et dont le symbolisme lui est complémentaire ; et enfin vos deux signes *affinitaires*, dont la sympathie et la complicité vous seront précieuses.

Signe inverse : **le Bélier.**
Signe opposé : **la Vierge.**
Signes affinitaires : **le Cancer et le Scorpion.**

ÉPILOGUE

Le train roulait depuis une heure, nous nous faisions face, je ne lui demandais rien.

Il se pencha vers moi et me dit : « Michel Rocard est né le même jour que Louis XVI. »

Fier de me communiquer cette information que j'ignorais, l'homme sourit.

Je fronçai les sourcils, perplexe. Maintenant qu'il m'avait mis dans la confidence, je sentais bien qu'il n'allait plus me lâcher.

Il prit l'air entendu : « Vous ne croyez pas que les mésaventures de l'un sont éclairées par les avatars de l'autre ? Au-delà de tout ce qui sépare un roi de France guillotiné au XVIIIe siècle d'un Premier ministre socialiste, il est clair que cette naissance jumelle leur a forgé un destin commun, non ? »

Je regardai du coin de l'œil cet homme

inspiré par le souffle du plus populaire des obscurantismes – que pouvais-je lui répondre ?

Que le ciel a peut-être plus d'humour que ceux qui se laissent abuser par les coïncidences du calendrier et le délire interprétatif de l'astrologie ?

Que les planètes nous adressent rarement la parole et qu'elles nous envoient d'autant moins de messages que nous ne parlons pas le même langage ?

À quoi bon... L'homme du train voyait du sens partout, je n'avais aucune chance de le détourner de sa conviction.

Et puis, ce n'est que bien plus tard, en écrivant ce livre, que je fis la connaissance de tous ces jumeaux, de tous ces triplés, dont il aurait été ravi – j'imagine – de commenter, à la lumière de l'astrologie, les destins complices.

Car, si vous en avez le cœur, savez-vous que c'est le même jour qu'il vous faut fêter l'anniversaire de Raymond Barre et de Landru, celui de François Bayrou et du maréchal Tito, celui d'Alain Juppé et de Ménie Grégoire, celui de Ségolène Royal et d'Yvette Horner, ou celui de François Mitterrand et de Michel Galabru ?

Savez-vous que la philosophie s'honore

qu'Éric Charden soit né le même jour que Nietzsche ?

Que la poésie n'est pas en reste puisque Verlaine et Céline Dion, Bob Dylan et Éric Cantona... eh oui, même jour de naissance, même destin.

Philippe Séguin est né un 24 avril, comme le maréchal Pétain. Jacques Dutronc quatre jours plus tard, comme Saddam Hussein, et quand Richard Nixon vieillissait d'un an, il en était de même pour Simone de Beauvoir.

Brad Pitt est le jumeau de Raimu, Napoléon celui de Sylvie Vartan.

Josiane Balasko et Samantha Fox, Fidel Castro et Alfred Hitchcock, le général de Gaulle et André Gide – bon anniversaire !

Claire Chazal ? Elle est née le même jour que Woody Allen, chacun s'interrogeait depuis longtemps sur leur ressemblance, comme sur celle de Jean Ferrat et de Mao Zedong, d'Édouard Balladur et de Bing Crosby, de Mikhaïl Gorbatchev et de Christian Morin, de Lova Moor et de Bernard Pivot, de Jean-Pierre Chevènement et d'Ornella Muti.

Bernadette Chirac, Jean-Paul II et Charles Trenet ? Des triplés. Tout comme Daniel Cohn-Bendit, Marguerite Duras et Bruno Mégret.

Quant à Coluche, c'est avec Danton qu'il partage le privilège d'être né un 28 octobre, de même que le signataire de ces lignes est bien obligé de constater qu'il souffle ses bougies le même jour qu'Eddy Mitchell et Tom Cruise.

J'arrête ici. Les irréductibles, jouant les modestes offensés, protesteront : même si l'astrologie était la plus belle femme du monde – ce qui j'en conviens est loin d'être le cas –, elle ne pourrait donner que ce qu'elle a.

Oserai-je répondre « même pas ».

C'est l'étrange Chamfort qui remarquait avec à-propos que la plus belle femme du monde ne donne que ce qu'on croit recevoir, puisque c'est toujours l'imagination qui fait le prix de ce qu'on reçoit.

Table

Louis XVI, Bruno Mégret, Gérard Miller, Eddy Mitchell, Lova Moor, Christian Morin, Ornella Muti, Richard Nixon, Bernard Pivot, Brad Pitt, Raimu, Michel Rocard, Ségolène Royal, le maréchal Tito, Sylvie Vartan, Paul Verlaine.

Achevé d'imprimer en octobre 2000
sur presse Cameron
dans les ateliers de
Bussière Camedan Imprimeries
à Saint-Amand-Montrond (Cher)
pour le compte des Éditions Stock
27, rue Cassette, 75006 Paris

Imprimé en France

Dépôt légal : octobre 2000.
N° d'Édition : 7213. N° d'Impression : 004626/1.
54-5310-5

ISBN 2-234-05310-2